미래와 통하는 책

동양북스 외국어 베스트 도서

700만 독자의 선택!

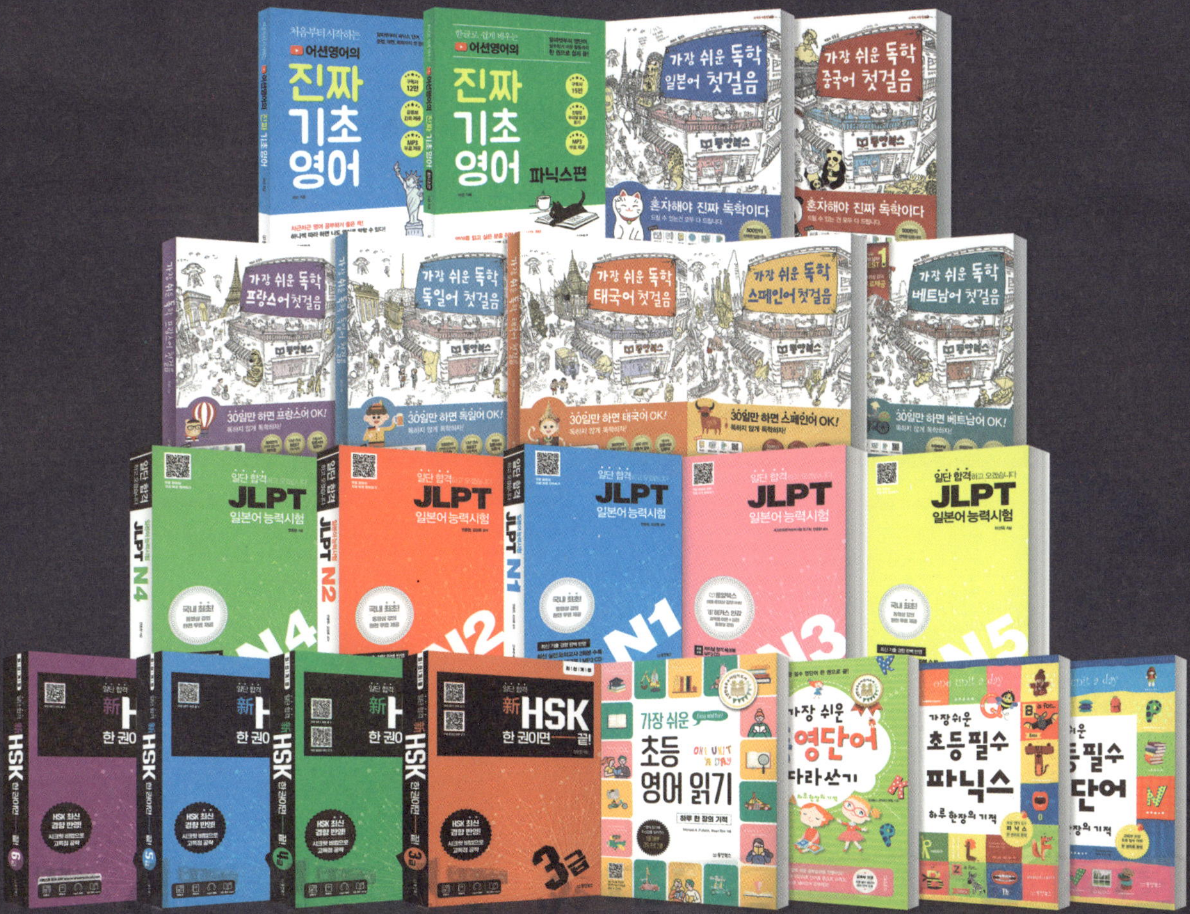

새로운 도서,
다양한 자료
동양북스
홈페이지에서
만나보세요!

www.dongyangbooks.com
m.dongyangbooks.com

※ 학습자료 및 MP3 제공 여부는 도서마다 상이하므로 확인 후 이용 바랍니다.

홈페이지 도서 자료실에서 학습자료 및 MP3 무료 다운로드

PC

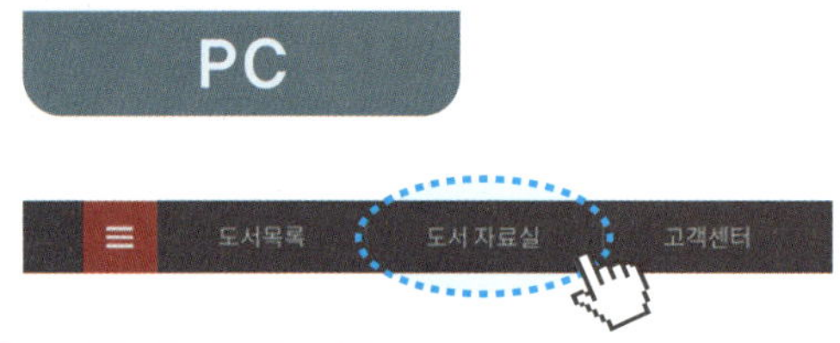

❶ 홈페이지 접속 후 도서 자료실 클릭
❷ 하단 검색 창에 검색어 입력
❸ MP3, 정답과 해설, 부가자료 등 첨부파일 다운로드
* 원하는 자료가 없는 경우 '요청하기' 클릭!

MOBILE

* 반드시 '인터넷, Safari, Chrome' App을 이용하여 홈페이지에 접속해주세요. (네이버,
다음 App 이용 시 첨부파일의 확장자명이 변경되어 저장되는 오류가 발생할 수 있습니다.)

❶ 홈페이지 접속 후 ≡ 터치

❷ 도서 자료실 터치

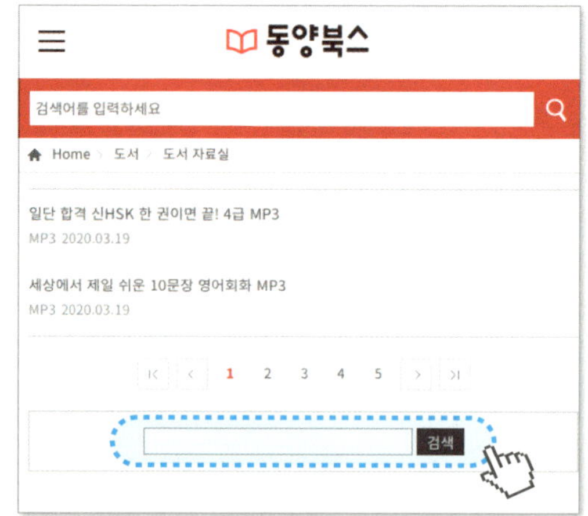

❸ 하단 검색창에 검색어 입력
❹ MP3, 정답과 해설, 부가자료 등 첨부파일 다운로드
* 압축 해제 방법은 '다운로드 Tip' 참고

일취월장
日就月將

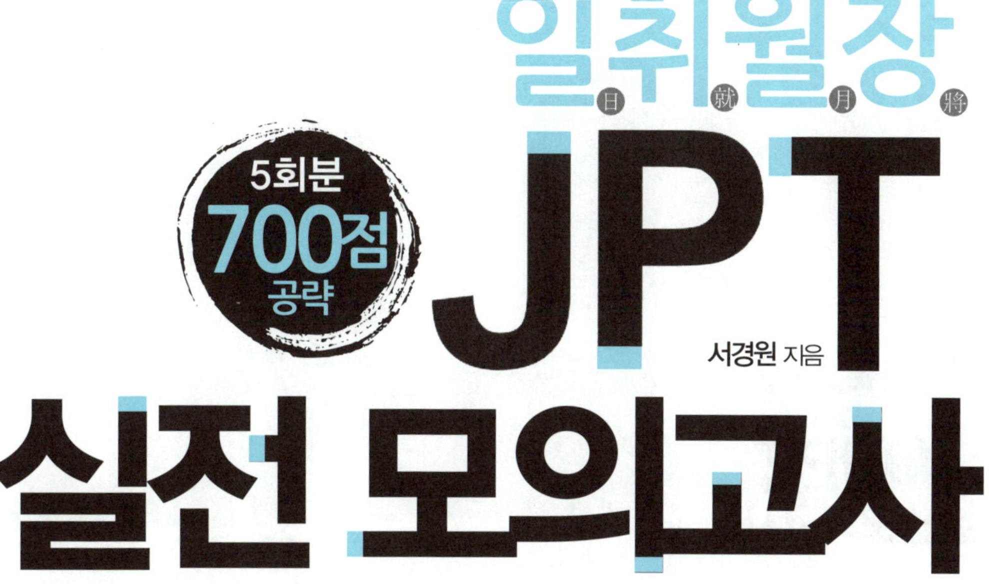

JPT 실전 모의고사

서경원 지음

동양북스

초판 9쇄 | 2025년 4월 5일

지은이 | 서경원
발행인 | 김태웅
책임 편집 | 길혜진, 이서인
디자인 | 남은혜, 김지혜
마케팅 총괄 | 김철영
온라인 마케팅 | 신아연
제　작 | 현대순

발행처 | ㈜동양북스
등　록 | 제 2014-000055호
주　소 | 서울시 마포구 동교로22길 14 (04030)
구입 문의 | 전화 (02)337-1737　팩스 (02)334-6624
내용 문의 | 전화 (02)337-1762　dymg98@naver.com

ISBN 979-11-5703-064-4 13730

머리말

　언어는 개인차도 심하고 학습 단계에 따라 계단식으로 점수가 올라가기 때문에 점수대에 맞게 딱 잘라 학습 방법을 제시하기란 쉽지 않습니다만, 어느 정도는 학습자가 필요한 점수에 적합한 학습 방법은 있다고 생각합니다.

　실제 JPT 시험의 점수대별 분포도를 보면 500점대 후반에서 600점대 사이에 가장 많은 학습자들이 위치한다는 것을 알 수 있습니다. 하지만 600점대 점수를 취업이나 각종 시험의 자격 조건으로 제시하기에는 다소 부족한 느낌이 드는 것도 사실입니다. 그런데 이러한 600점대 학습자들을 세부적으로 분석해 보면 문법이나 어휘에 대한 체계적인 정리가 부족한 분들이 많습니다. 그렇기 때문에 600~700점대는 다른 점수대에 비해 가장 점수 변동폭이 작으면서 시간도 많이 걸리는 점수대라고 할 수 있습니다. 여기서 이런 분들에게 꼭 맞는 문제집, 다시 말해 600점대에서 700점대로 끌어올릴 수 있는 문제집의 필요성이 제기됩니다.

　하지만 시중의 모의고사 문제집들은 모든 점수대별 학습자를 대상으로 한 교재가 대부분이고, 점수대별 공략집이라 해도 독학서 위주의 교재가 많아 제대로 된 실전 감각을 익히기에는 부족한 부분이 많다고 생각합니다. 그러한 문제점들을 보완해 700점이라는 점수대에 맞는 모의고사 문제집을 이번에 출간하게 되었습니다.

　이 교재에는 실제 시험과 동일한 문제 형식의 모의고사 5회분, 총 1000문제가 실려 있습니다. 시중의 모의고사 교재는 1회분, 2회분, 3회분 정도의 분량이 대부분입니다만, 이 교재에서는 좀 더 체계적인 학습을 위해 2회분을 더 늘렸습니다. 나아가 청해 문제의 스크립트와 문제 해설 및 어휘 정리는 무료로 다운로드할 수 있습니다. 여러분들은 각 모의고사를 통해 파트별 출제 유형은 물론이고 빈출 표현까지 빠짐없이 정리하실 수 있으리라 생각합니다.

　집필을 하는 동안 난이도 조절 등 여러 가지로 힘든 점이 많았습니다만, 그 동안의 노력이 이렇게 한 권의 교재로 결실을 맺는 걸 보니 무척 기쁩니다. 이 책이 부디 여러분들의 JPT 학습과 목표 점수 도달에 조금이나마 도움이 되길 바랍니다. 끝으로 이 교재가 나오기까지 힘써 주신 동양북스 관계자 분들께 감사의 말씀을 드리며 이 글을 맺습니다.

저자 서경원 올림

차 례

JPT 시험 개요

 JPT 시험(일본어: JPT日本語能力試験, Japanese Proficiency Test)은 학문적인 일본어 지식의 정도를 측정하기 위한 시험이 아니라, 언어 본래의 기능인 커뮤니케이션 능력을 측정할 목적으로 시행한다. 따라서 사용빈도가 낮고 지역적이며 관용적·학문적 어휘는 배제하고, 도쿄[東京]를 중심으로 한 표준어를 대상으로 출제한다.

크게 청해와 독해로 구분되고, 총 200문항이 출제되며, 990점이 만점이다.

구분	유형	문항수	시간	배점
청해 (100문항)	PART1 사진 묘사	20문항	45분	495점
	PART2 질의 응답	30문항		
	PART3 회화문	30문항		
	PART4 설명문	20문항		
독해 (100문항)	PART5 정답 찾기	20문항	50분	495점
	PART6 오문 정정	20문항		
	PART7 공란 메우기	30문항		
	PART8 독해	30문항		
		200문항	**95분**	**990점**

① 청해와 독해 시험만으로도 말하고 쓰는 능력을 간접적으로 평가한다.

② 각각의 문제에 대한 객관성·실용성·신뢰성을 유지해 수험자의 언어 구사 능력을 정확하게 측정할 수 있다.

③ 컴퓨터 분석을 통해 문항별 난이도·변별도·타당도를 측정함으로써 결과를 객관적으로 입증받을 수 있다.

④ 각 폼(form)마다 상관관계와 연관성을 조사해 성적환산표를 작성함으로써 공정성과 신뢰성을 기할 수 있다.

청 해
100문항 / 45분

PART 1 사진 묘사
(20문항)

청해의 첫 도입부로 대상자가 Non-native인 점을 염두에 두고 의도적으로 사진이라는 시각적인 수단과 음성 언어를 통하여 응시자의 청취에 대한 심적 부담을 덜어줌과 동시에 음성이 귀에 익숙해지도록 하기 위한 것으로 청취력 및 순간적인 판단력을 평가할 수 있습니다.

☞ 메모가 포인트!

- **단어는 미리미리 적어라!**
  - 평소 잘 아는 단어도 순간 기억나지 않을 수 있다.
    파본 검사 시간에 사진 내용을 미리 보고 관련 단어를 적어 둔다.

- **선택지 (A)~(D)의 내용을 메모하라!**
  - 다 듣고 정답이 (A)였는지 (B)였는지 기억이 나지 않아 당황했던 적은 없는가?
    점(·)으로 보기를 표시하고 (A)~(D)의 내용을 메모하면서 들어야 한다.

PART 2 질의 응답
(30문항)

질의 응답 문제는 간단한 회화 문장으로 연이어 이어지는 문장의 의미를 파악, 순간적인 판단 능력을 요구하는 것으로써 자신이 대화에 직접 참여하여 상대방의 말이나 물음에 적절한 대답을 하거나 긍정 또는 부정을 나타내어 자신의 생각을 상대방에게 전달할 수 있는 능력까지 평가할 수 있습니다.

☞ 뒤로 갈수록 집중! 유사한 발음은 오답!

- **앞부분에는 의문사나 정해진 문구가 나온다!**
  - 실제 시험의 앞부분 문제는 의문사형 질문이나 정해진 문구 등이 출제된다. 의문사는 시제에 주의하면서 들으면 되고 정해진 문구는 허가나 승낙, 의뢰나 부탁, 권유, 과거의 경험, 금지 등의 표현이 자주 출제되므로 이 부분에 대한 학습이 필요하다.

- **40번 이후에 출제되는 부분도 요령이 필요하다!**
  - 비즈니스나 경제 관련 표현은 어휘가 어려워 듣기가 쉽지 않지만 지금까지 시험에서는 대체적으로 부정적인 내용이 많이 출제되었으므로 내용을 듣고 긍정·부정만 가려내도 어느 정도 정답을 찾을 수 있다. 그리고 문제에 등장했던 단어와 발음이 유사하거나 동일한 발음은 동음이의어로 출제된 오답이므로 과감히 정답에서 제외시키는 것이 좋다.

PART 3 회화문
(30문항)

회화문을 들으며 동시에 그 회화가 진행되고 있는 장면, 이야기 내용 등의 개괄적 혹은 구체적인 정보나 사실을 짧은 대화 중에서 정확하게 청취하는 능력과 대화에서 결론을 추론해 내는 능력을 평가할 수 있습니다.

☞ 뒷부분 메모가 포인트!

• 세 번째와 네 번째 문장에 집중하라!
- 대체로 세 번째(약 50%)와 네 번째(약 40%) 문장에 정답과 관련된 내용이 나오는 경우가 많으므로, 이 부분을 잘 들도록 하자!

• 숫자 관련 문제는 주의하라!
- 금액 계산, 날짜 관련 문제들은 정답을 바로 제시하는 경우가 거의 없다. 주도 면밀한 계산이 필요하므로 다른 문제보다 주의를 요한다.

• 보기에 체크하고 순서를 적어라!
- 맞는 것과 맞지 않는 것을 고르는 문제는 들으면서 보기에 하나씩 체크를 하고, 순서를 묻는 문제는 보기에 순서를 적으면 의외로 간단하게 풀린다.

PART 4 설명문
(20문항)

설명문은 청해 문제 중 가장 어려운 부분에 속합니다. PART 1, 2에서는 간단한 구어체로써 일본어의 이해도를 테스트하고 이어 PART 3에서는 일상의 회화 능력을 시험할 수 있으며 PART 4에 이르러서는 설명문을 읽어 주고 그것을 바탕으로 한 3~4개의 질문을 제시함으로써 상당한 수준의 종합적인 일본어 능력을 테스트할 수 있습니다.

☞ 메모하라! 미리 읽어라!

• 무조건 메모하라!
- 보통 설명문 길이는 30초 이상으로 출제된다. 당신은 친구가 30초 동안 계속 이야기한 것을 모두 기억할 수 있는가? 메모하라! 단 문제와 관련된 내용에 한해서이다.

• 시간은 겨우 5초 내외! 미리 읽어 두어라!
- 문제 사이의 간격이 대략 7~8초인데 마킹에만 2~3초는 걸리므로 문제를 미리 보고 관련 내용을 메모하면서 들어야 한다. 미리 문제를 읽어 두고 마킹은 청해가 끝나고 몰아서 하는 것도 한 방법이다.

독 해
100문항 / 50분

PART 5 정답 찾기
(20문항)

일본어에 있어 기본이 되는 한자 및 표기 능력을 통해 한자의 자체와 음, 훈에 관한 올바른 이해와 전반적인 문법, 어휘를 통한 일본어 문장 작성의 기초적인 능력을 평가함으로써 일본어 전반에 걸친 지식이 골고루 학습되어 있는가를 평가할 수 있습니다.

☞ 해석하지 말고 답을 찾아라!

• 제발! 문제를 읽지 마라!
- 발음이나 한자를 찾는 문제가 10문항 출제되는데 아직도 문제를 읽는 사람들이 있다. 제발 처음부터 읽지 말고 밑줄 부분만 보고 풀기 바란다.

• 문장을 해석하지 마라!
- 명심하라! PART 5는 문장을 해석하는 게 아니라 밑줄을 보고 답을 찾는 문제들이다.

• 닮은꼴을 찾아라!
- 용법 구분 문제 4문항은 형태가 동일한 것만 찾으면 된다.
  기억하라! 형태가 동일하면 용법도 동일하다.

PART 6 오문 정정
(20문항)

틀린 곳이나 부적절한 부분을 지적한다는 것은 잘못된 부분이 왜 잘못되어 있는가를 모르고서는 정확히 틀린 곳을 지적할 수 없으므로 단순한 독해력 테스트가 아닌 표현 능력, 즉 간접적인 작문 능력을 평가할 수 있습니다.

☞ 본능을 믿어라! 모르면 찍어라!

• 뭔가 이상하면 마킹하라!
- 문제에서 요구하는 것은 선택지 중에서 이상한 부분을 찾는 것이다. 뭔가 본능적으로 이상하다고 느껴지면 마킹하고 넘어가자. 그 이상은 고민하지 말자. 시간은 계속 간다.

• 모를 경우 그냥 찍어라!
- 다음 내용들이 밑줄에 있다면 그냥 찍어라! 「～ないで/～なくて」, 「～おかげで/～せいで」, 「～てくる/～ていく」, 「～ようだ/～そうだ」, 「ば・と・たら・なら가정법」, 「수동형/사역형」!! 이 표현들은 항상 같이 외워야 하는데 대부분 바꿔서 출제된다.

<table>
<tr><td>**PART 7 공란 메우기**
(30문항)</td><td>불완전한 문장을 문장 속에서 전후 관계를 정확히 파악해 완전한 문장으로 완성시킬 수 있는가를 평가함으로써 표현력과 문법 그리고 간접적인 작문 능력을 평가할 수 있습니다.</td></tr>
</table>

☞ 해석하지 말고 밑줄 전후만 보자!

• 무조건 해석하는 버릇은 당장 버려라!
  - PART 7은 공란을 중심으로 앞의 한 단어, 혹은 뒤의 한 단어만 봐도 대부분 정답이 나오는 문제들이다. 해석은 이제 그만!

• 매 시험 출제되는 내용을 집중 공략하라!
  - 매 시험 반드시 출제되는 것이 동사 찾기, 부사 찾기, い형용사 찾기, 한자어 찾기, 관용 표현 찾기, 의태어 찾기이다. 고득점을 위해서는 이 부분을 집중 공략하라!

<table>
<tr><td>**PART 8 독해**
(30문항)</td><td>표면적인 이해력보다는 일상 생활 속에서 문자를 매체로 정보를 얼마나 빨리 그리고 정확하게 파악할 수 있는가를 평가할 수 있습니다. 또한 독해력의 종합적인 면으로써 그 내용에서 결론을 추론해 낼 수 있는가, 즉 그 글의 지향하는 바가 무엇인가를 파악함으로써 사고력, 판단력, 분석력을 종합적으로 평가할 수 있습니다.</td></tr>
</table>

☞ 문제를 읽고 분석, 기억한 후에 내용을 읽자!

• 일단 문제부터 분석하라! 그리고 기억하라!
  - 독해는 문제를 읽고 그 문제를 기억한 후에 지문을 읽어야 한다. 미리 문제를 읽어 두면 지문을 읽으면서 관련 내용으로부터 바로 정답을 찾을 수 있으므로 꼭 문제를 읽고 기억해 두도록 하자!

• 공포의 3분 전 방송(?)이 나오면 초조해서 문제가 눈에 들어오지 않는다!
  - 이 때 무조건 찍지 말고 일단은 공란이나 밑줄 문제 등 전체 지문을 다 읽지 않고도 풀 수 있는 문제가 있는지 읽어 보라!

이 책의 특징

1. 파트별 출제 유형을 완벽하게 정리!

모든 시험은 어떤 목적을 가지고 출제되기 때문에, 나름대로의 출제 유형이 있기 마련이다. 따라서 단기간에 고득점을 올리려면 무엇보다도 그 유형을 파악하는 것이 급선무라고 할 수 있다. 이 책은 5회분이라는 모의고사를 통해 어떤 표현이 파트별로 어떻게 출제되는지를 한눈에 알 수 있다. 적을 알고 나를 알면 백전백승이라는 말이 있듯이 일단은 파트별 유형부터 분석해 두기 바란다.

2. 현장 강의 + JPT 시험 응시자가 직접 쓴 책!

이 책은 현재 JPT를 현장에서 강의하고 있고 실제 시험에도 응시하는 응시자가 직접 쓴 책이다. 따라서 누구보다도 JPT 시험에 대해 제대로 인지하고 있고 학습자들이 어떤 유형의 문제에 취약한지 완벽하게 분석한 교재라고 할 수 있다. 따라서 학습자들은 이 책의 문제를 통해 본인의 현재 수준은 물론이고 취약 부분까지 한꺼번에 알 수 있을 것이다.

3. 실제 시험과 같은 모의고사!

문제는 많이 푸는 것도 중요하지만 실제 시험과 얼마나 동일한 상황에서 푸느냐에 따라 학습 성취도는 많이 달라진다. 이 책의 문제들은 실제 시험의 문제 위치, 파트별 유형 등이 동일하므로 실제 시험을 간접 체험할 수 있도록 구성되어 있다. 따라서 5회분의 모의고사를 통해 실제 시험의 느낌을 느끼면서 학습할 수 있도록 구성된 교재이다.

4. MP3 파일 및 청해 스크립트와 해설 무료 다운로드!

각 문제에 대한 해석 및 어휘, 문법 등이 포함된 해설과 청해 스크립트, 그리고 MP3 파일을 동양북스 홈페이지 http://www.dongyangbooks.com에서 무료로 다운로드할 수 있다.

5. 이해가 안 되면 이해가 될 때까지!

아무리 자세한 설명과 해설이 있다고 해도 이해가 안 되는 부분이 나오기 마련이다. 이런 분들을 위해 저자의 홈페이지(http://cafe.daum.net/aisiau)나 메일(agaru1004@hanmail.net)을 항상 개방해 두었다. 책에 출제된 문제나 문법이 이해가 안 되면 언제든지 글을 남기면 완벽하게 이해가 될 때까지 설명을 받을 수 있다.

JPT 日本語能力試験

JAPANESE PROFICIENCY TEST

실전 모의고사

次の質問1番から質問100番までは聞き取りの問題です。

どの問題も一回しか言いませんから、よく聞いて答えを(A), (B), (C), (D)の中から一つ選びなさい。答えを選んだら、それにあたる答案用紙の記号を黒くぬりつぶしなさい。

Ⅰ．次の写真を見て、その内容に合っている表現を(A)から(D)の中で一つ選びなさい。

(例)

(A) ここは銀行です。

(B) ここは郵便局です。

(C) ここは病院です。

(D) ここは図書館です。

答　(A) (●) (C) (D)

(1)

I 22
I 23
← 志村三丁目
Shimura-sanchome
蓮　根
はすね
Hasune
構内禁煙 No Smoking

(2)

次のページに続く

(5)

(6)

次のページに続く ⟹

(7)

(8)

(9)

(10)

次のページに続く

(11)

(12)

西 OSAKA
'23. 6.21
大阪 ▶ 540 円区間
小児270円
発売当日限り有効　下車前途無効
8256 17:52
西日本会社線

(13)

(14)

次のページに続く ⟹

(15)

(16)

(17)

(18)

次のページに続く ⟹

(19)

(20)

22

Ⅱ. 次の言葉の返事として、もっとも適したものを(A)から(D)の中で一つ選びなさい。

（例）明日は何をしますか。

(A) 公園に行きました。
(B) 金曜日です。
(C) 運動をしました。
(D) 友達の家に遊びに行きます。

(21) 答えを答案用紙に書き入れなさい。

(22) 答えを答案用紙に書き入れなさい。

(23) 答えを答案用紙に書き入れなさい。

(24) 答えを答案用紙に書き入れなさい。

(25) 答えを答案用紙に書き入れなさい。

(26) 答えを答案用紙に書き入れなさい。

(27) 答えを答案用紙に書き入れなさい。

(28) 答えを答案用紙に書き入れなさい。

(29) 答えを答案用紙に書き入れなさい。

(30) 答えを答案用紙に書き入れなさい。

(31) 答えを答案用紙に書き入れなさい。

(32) 答えを答案用紙に書き入れなさい。

(33) 答えを答案用紙に書き入れなさい。

(34) 答えを答案用紙に書き入れなさい。

(35) 答えを答案用紙に書き入れなさい。

(36) 答えを答案用紙に書き入れなさい。

(37) 答えを答案用紙に書き入れなさい。

(38) 答えを答案用紙に書き入れなさい。

(39) 答えを答案用紙に書き入れなさい。

(40) 答えを答案用紙に書き入れなさい。

(41) 答えを答案用紙に書き入れなさい。

(42) 答えを答案用紙に書き入れなさい。

(43) 答えを答案用紙に書き入れなさい。

(44) 答えを答案用紙に書き入れなさい。

(45) 答えを答案用紙に書き入れなさい。

(46) 答えを答案用紙に書き入れなさい。

(47) 答えを答案用紙に書き入れなさい。

(48) 答えを答案用紙に書き入れなさい。

(49) 答えを答案用紙に書き入れなさい。

(50) 答えを答案用紙に書き入れなさい。

次のページに続く

III. 次の会話をよく聞いて、後の問いにもっとも適したものを(A)から(D)の中で一つ選
びなさい。

(例) 女：昨日、友達の家に行きました。

男：何をしましたか。

女：音楽を聞いたり話したりしました。

男：そうですか。私は昨日家でテレビを見ました。

男の人は昨日何をしましたか。

(A) 音楽を聞いた。

(B) 友達と話した。

(C) 家でテレビを見た。

(D) 勉強をした。

(51) 今日の会議は何時にしますか。

(A) 1時
(B) 2時半
(C) 3時
(D) 3時半

(52) 男の人が終えたことは何ですか。

(A) 洗濯
(B) 部屋の掃除
(C) 皿洗い
(D) 部屋の掃除と皿洗い

(53) 女の人はケーキをどこで買いましたか。

(A) デパート
(B) 駅前にある店
(C) 家の近くにある店
(D) 会社の近くにある店

(54) 二人は昼ご飯に何を食べに行きますか。

(A) ラーメン
(B) そば
(C) 牛丼
(D) 焼き肉

(55) 二人の会話の内容と合っているものは
どれですか。

(A) 男の人は今週の週末に一人で映画を
見に行くつもりだ。

(B) 女の人は今週の週末は掃除と洗濯で
暇がない。

(C) 二人は今週の週末に映画を見てから
食事に行くつもりだ。

(D) 二人とも今週の週末は家でごろごろ
しようと思っている。

(56) 男の人はこれからどうしますか。

(A) 先生に会いに行く。
(B) プレゼントを買いに行く。
(C) 今すぐ友達に電話をする。
(D) 家にプレゼントを取りに戻る。

(57) たばこはどこで吸えますか。

　　(A) 建物の中
　　(B) トイレのそば
　　(C) 二階の休憩室
　　(D) 建物の外

(58) コートは昨日に比べて今日からいくら安くなりましたか。

　　(A) 6万8千円
　　(B) 7万8千円
　　(C) 8万8千円
　　(D) 9万8千円

(59) 男の人はこれからどうしますか。

　　(A) 鈴木社長の電話を待つ。
　　(B) 鈴木社長の会社に行く。
　　(C) 鈴木社長に電話をする。
　　(D) 鈴木社長が来るのを待つ。

(60) 男の人は何を食べますか。

　　(A) パンと魚
　　(B) ご飯と魚
　　(C) パンと肉
　　(D) ご飯と肉

(61) 二人の会話と合っていないものはどれですか。

　　(A) 男の人は東京から大阪に転勤してきた。
　　(B) 男の人は以前大阪で仕事をしたことがある。
　　(C) 男の人と女の人は以前会ったことがある。
　　(D) 女の人は男の人の仕事が最初は大変かもしれないと思っている。

(62) コピー機は何が問題ですか。

　　(A) よく紙が詰まる。
　　(B) コピーができない。
　　(C) 何回修理してもコピーができない。
　　(D) コピーした後、黒く汚れるところができる。

(63) 女の人はどうして男の人に車の鍵をかけて来るようにと言っていますか。

　　(A) 長時間の外出になりそうだから
　　(B) 鍵を忘れてしまう恐れがあるから
　　(C) 今まで何回も盗まれた経験があるから
　　(D) 泥棒は鍵をかけなかったその少しの間に物を盗むから

(64) 男の人についての説明の中で、正しくないものはどれですか。

　　(A) 今度引っ越しをした。
　　(B) 引っ越した家は新しい家である。
　　(C) 会社まで時間がかかってしまって、大変だ。
　　(D) 引っ越した家から会社までは以前より遠くなった。

(65) ラーメンはどうしてよく売れましたか。

　　(A) 今までもよく売れていたから
　　(B) 人気歌手を広告に起用したから
　　(C) 味がいいと口コミで宣伝になったから
　　(D) 人気歌手がテレビで紹介してくれたから

次のページに続く

(66) 二人の会話の内容と合っていないもの
はどれですか。

(A) 今の季節は秋のようだ。
(B) 男の人は料理に満足しているようだ。
(C) 女の人は料理より部屋の眺めが気に
入ったようだ。
(D) 女の人は景色は無視してもいいと思っ
ているようだ。

(67) 二人の会話の内容と合っているものは
どれですか。

(A) 男の人は漢字テストがとても役に立っ
たと思っている。
(B) 男の人は今度また漢字テストを受け
てみようと思っている。
(C) 女の人は漢字テストに出ている漢字
は必ず理解しておくべきだと思って
いる。
(D) 女の人は漢字テストに出ている漢字
はわからなくても生活できると思っ
ている。

(68) 二人の会話の内容と合っているものはど
れですか。

(A) 今週、男の人はあまり忙しくないよ
うだ。
(B) 男の人は田中さんと水曜日に会うこ
とにした。
(C) 男の人は来週月曜日と火曜日が暇で
ある。
(D) 男の人は田中さんに見せてあげたい
物があるようだ。

(69) 二人はこれから食事をどうしますか。

(A) 外に出て食べる。
(B) 家で作って食べる。
(C) 店に注文して家で食べる。
(D) もうお腹いっぱいだから、何も食べ
ない。

(70) 二人の考えとして正しいものはどれで
すか。

(A) 女の人は着ない服を今すぐ捨てよう
と思っている。
(B) 女の人は着ない服を誰かがもらって
ほしいと思っている。
(C) 男の人は着ない服でも捨てるのは勿
体ないと思っている。
(D) 男の人は女の人が服をもうちょっと
買ってもかまわないと思っている。

(71) 女の人はどうして今降りますか。

(A) この先は曲がれない道だから
(B) 左に曲がると、一方通行だから
(C) 左に曲がると、回り道になるから
(D) この先は今工事中で、まっすぐ行け
ないから

(72) 二人の会話からみて、最近鈴木さんが
よく休んでいる理由は何ですか。

(A) 過労で倒れたため
(B) 重い病気にかかったため
(C) 大事な仕事の重圧感のため
(D) 手術後、まだ体が回復していないため

(73) 二人の会話の内容と合っていないもの
はどれですか。

(A) 今晩から寒くなるそうだ。
(B) タロウは二人が飼っている犬のこと
である。
(C) タロウは先月風邪で病院へ行ったこ
とがある。
(D) 男の人はタロウを家の中に入れるの
に猛反対している。

(74) 二人の会話の内容と合っていないもの
　　　はどれですか。

　　　(A) 二人は今月沖縄に行ってきた。
　　　(B) 二人の親戚の中で沖縄に住んでいる
　　　　　人がいるようだ。
　　　(C) 来月も同窓会や結婚式などがあって
　　　　　出費が多くなりそうだ。
　　　(D) 女の人は大学時代の友達の結婚式に
　　　　　行かないつもりだ。

(75) 男の人についての説明の中で、正しい
　　　ものはどれですか。

　　　(A) 工学部出身なのに、機械に弱い。
　　　(B) 工学部出身だけあって、機械に詳しい。
　　　(C) 工学部出身ではないが、機械に詳しい。
　　　(D) 工学部出身ではないから、機械に弱い。

(76) 二人の会話の内容と合っていないもの
　　　はどれですか。

　　　(A) 男の人は靴の値段はあまり気にして
　　　　　いない。
　　　(B) 男の人は旅行や散歩する時に履く靴
　　　　　を探している。
　　　(C) 女の人が勧めている靴は長時間歩い
　　　　　てもあまり疲れないそうだ。
　　　(D) 女の人が勧めている靴は値段は高い
　　　　　が、軽くてとても丈夫だそうだ。

(77) 二人が話している人についての説明の
　　　中で、正しくないものはどれですか。

　　　(A) 前にアナウンサーだった。
　　　(B) 昔から話し方がとても優れていた。
　　　(C) 現在、人材開発の相談や指導もして
　　　　　いる。
　　　(D) 昔、アナウンサー養成学校に通って
　　　　　いた。

(78) 二人が話している特別セールについて
　　　の説明の中で、正しくないものはどれ
　　　ですか。

　　　(A) アルバイトの数は問題なかった。
　　　(B) 上の指示が下まできちんと伝わって
　　　　　いた。
　　　(C) 言葉遣いが丁寧ではない人が多かった。
　　　(D) 休んだ後、すぐ売り場に戻らない人
　　　　　がけっこういた。

(79) 女の人の問題は何ですか。

　　　(A) 部品の破損があった。
　　　(B) 部品に欠陥が見つかった。
　　　(C) 違う部品が来てしまった。
　　　(D) 部品の数が間違っていた。

(80) 女の人はどうして資料をプレゼンテー
　　　ション終了後に配布しようと思ってい
　　　ますか。

　　　(A) 資料がない方が聞き逃す可能性が低
　　　　　いから
　　　(B) 緊張しないでリラックスした雰囲気
　　　　　で説明が聞けるから
　　　(C) 説明の後に資料を読んだ方が内容を
　　　　　まとめやすいから
　　　(D) 個々の内容よりまず全体的な枠組み
　　　　　を理解してほしかったから

次のページに続く →

IV. 次の文章をよく聞いて、後の問いにもっとも適したものを(A)から(D)の中で一つ
選びなさい。

（例）ご来店のお客様にお知らせを申し上げます。千代田区からお越しの鈴木様、鈴木
様、至急1階の案内デスクまでお越しくださいませ。続きまして、お客様のお呼び
出しを申し上げます。大阪からお越しの山田様、山田様、お連れ様がお待ちですの
で、2階の婦人服売り場までお越しください。

  (1) ここはどこですか。

   (A) デパート

   (B) 図書館

   (C) 病院

   (D) コンビニ

  (2) 山田さんはどうすればいいですか。

   (A) 自宅に電話する。

   (B) 2階に行く。

   (C) 鈴木さんに電話する。

   (D) 大阪に行く。

(81) 最初、この人のお姉さんは何に驚きまし
たか。

(A) おせち料理の単調さ
(B) おせち料理を作る難しさ
(C) おせち料理の種類の多さ
(D) おせち料理に使う砂糖の使用量

(82) この人のお姉さんはおせち料理に砂糖を
たくさん使うことから何を感じましたか。

(A) 料理の風味が一層増したと感じた。
(B) 残念なことに、もとの味を味わうの
が難しくなったと感じた。
(C) 昔の人は体によくないものもたくさ
ん食べていたと感じた。
(D) お正月を大切にする昔の人の気持ち
が表れていると感じた。

(83) この人のお姉さんはおせち料理を通じ
て何に気が付きましたか。

(A) 長く保存できる料理が多いこと
(B) 様々な味の料理があること
(C) 栄養の配分がよく考えられていること
(D) 初心者でも簡単に作れる料理が多い
こと

(84) 先週の土曜日の天気はどうでしたか。

   (A) 気温が高かった。
   (B) 風もなく暖かかった。
   (C) 気温が低くて寒かった。
   (D) 朝から蒸し暑かった。

(85) 女の子がこの人に近付いてきた理由は何ですか。

   (A) 道を聞くため
   (B) 飲み物を渡すため
   (C) 食べ物を渡すため
   (D) アルバイトを探すため

(86) 女の子についての説明の中で、正しいものはどれですか。

   (A) ご両親のお金でこの人に何かを渡した。
   (B) ご両親に言われてこの人に何かを渡した。
   (C) ご両親からお金をもらってこの人に何かを渡した。
   (D) 自分で判断して自分のお金でこの人に何かを渡した。

(87) この人は何が残念だったと思いましたか。

   (A) 天気が寒かったこと
   (B) アルバイトの時給が低かったこと
   (C) 女の子に十分にお礼ができなかったこと
   (D) 初めてのアルバイトで緊張してしまったこと

(88) アフガニスタンの高校生がこの人の学校に来た理由は何ですか。

   (A) 勉強に集中するため
   (B) 日本の学費が安いため
   (C) 親戚が日本に住んでいるため
   (D) 外国生活がしたかったため

(89) アフガニスタンから来た高校生の学校での様子はどうでしたか。

   (A) ほとんど授業に出席しないでいた。
   (B) 堂々としていて希望に満ち溢れていた。
   (C) 学校の生活に馴染めず、落ち込んでいた。
   (D) 勉強には関心がないようで、遊んでばかりいた。

(90) この人がアフガニスタンの高校生と出会って感じたこととして正しいものはどれですか。

   (A) 勉強できることに感謝しよう。
   (B) 勉強よりも大切なものを探そう。
   (C) 毎日を楽しく過ごす方法を考えてみよう。
   (D) 恵まれない国の人にもっと関心を持とう。

次のページに続く →

(91) この人は今、何を後悔していますか。

(A) 今までの生活に感謝しなかったこと

(B) 友人に年末年始に電話しなかったこと

(C) 友人に年賀状をあまり書かなかった
こと

(D) 集めておいた年賀状を捨ててしまっ
たこと

(92) 年賀状を捨てた後、この人はどう思い
ましたか。

(A) 引き出しの中がきれいになり、すっ
きりした。

(B) 今までに集めていた理由をはっきり
わかった。

(C) もっと早く捨てるべきだったと思う
ようになった。

(D) 自分の過去を全て捨ててしまったよ
うな気持ちだった。

(93) この人が言っている年賀状の保存方法
として正しいものはどれですか。

(A) 大切な人の年賀状は地域別に分類し
ておく。

(B) 大切な人の年賀状は漢字別に分類し
ておく。

(C) 大切な人の年賀状は名前のあいうえ
お順に分類しておく。

(D) 去年の年賀状のうち、儀礼的なもの
も一応集めておく。

(94) この人が言っている年賀状をきちんと
整理した時の効用として正しいものは
どれですか。

(A) 紙の無駄をなくせる。

(B) 毎日快適な生活ができる。

(C) 毎年気の利いた年賀状が書ける。

(D) 短時間に多くの人に年賀状が出せる。

(95) この人は何が原因で「食」に関する色々な
問題が発生していると言っていますか。

(A) 地球温暖化

(B) 木材需要の増加

(C) 農作物の輸出競争

(D) 農作物の品種改良

(96) この人は食糧不足の問題がどうして日
本にとって深刻な問題だと思っていま
すか。

(A) 海水面が上昇しているから

(B) 生活エリアが狭まっていくから

(C) 食糧の多くを輸入に頼っているから

(D) 温暖化の影響を直接受けているから

(97) この人が早急に手を打たなければなら
ないと言っているものとして正しくな
いものはどれですか。

(A) 環境問題に取り組むこと

(B) 食糧を蓄えておくこと

(C) 食糧の自給率を上げること

(D) 輸入ルートを多様化すること

(98) 昨日の朝、この人が乗った電車の中の
様子はどうでしたか。

(A) 比較的に空いていた。
(B) ほとんどの席が空いていた。
(C) 立っている人は一人もいなかった。
(D) 空席は全くなく、立っている人も多
かった。

(99) この人は車内を見渡した時、何に気が
付きましたか。

(A) 車内で迷惑行為をする人たちの多さ
(B) 体の不自由な人に席を譲らない若者
(C) 赤ちゃんを優しい眼差しで眺めてい
る人たち
(D) 泣いている赤ちゃんに冷たい視線を
向ける大人

(100) この人は車内でのあるおばあさんの行動
を見て何を見習いたいと感じましたか。

(A) 心の余裕
(B) 子供への叱り方
(C) 優しい言葉遣い
(D) 非常時の対処方法

これで聞き取りの問題は終わります。

それでは、次の質問101番から質問200番までの問題に答えなさい。

答案用紙に書き込む要領は聞き取りの場合と同じです。

Ｖ．下の＿＿＿＿＿線の言葉の正しい表現、または同じ意味のはたらきをしている
　　言葉を(A)から(D)の中で一つ選びなさい。

(101) 彼が代表に選ばれるとは、意外だね。

    (A) たいひょう

    (B) だいひょう

    (C) たいしょう

    (D) だいしょう

(102) 今更後悔してみても、仕方がない。

    (A) ごかい

    (B) ごがい

    (C) こうかい

    (D) こうがい

(103) この道路は両側に桜の並木が植えられ
ている。

    (A) へいき

    (B) うえき

    (C) なみき

    (D) ならびき

(104) 業績悪化で、もはや料金値上げはやむ
を得ない選択となった。

    (A) あっか

    (B) あくが

    (C) わるか

    (D) わるが

(105) 車が一台険しい斜面を上ってくる。

    (A) けわしい

    (B) とぼしい

    (C) まずしい

    (D) いやしい

(106) 政府の調査によると、「自宅で最期を
迎えたい」と希望した人は5割を超えて
いた。

    (A) さいこ

    (B) さいご

    (C) さいき

    (D) さいぎ

(107) その会社はそんな泥沼の価格競争とは
一線を画し、生き残ってきた。

    (A) かし

    (B) かくし

    (C) がし

    (D) けいし

(108) UVAはシワやたるみなど肌の老化の
げんいんになる。

    (A) 源因

    (B) 原因

    (C) 源困

    (D) 原困

(109) くれぐれも夏は寝不足と体調管理にご
ようじんください。

    (A) 容心

    (B) 勇心

    (C) 溶心

    (D) 用心

(110) 目と鼻の先で起きた類を見ない凶悪事
件にいきどおりを感じる。

    (A) 怒り

    (B) 捗り

    (C) 憤り

    (D) 煽り

(111) 朝刊なら、前の<u>棚</u>です。

  (A) 棚にあります
  (B) 棚においておきました
  (C) 棚におきましょう
  (D) 棚にはありません

(112) 「これが知りたい」という欲求がなければ、インターネットは<u>ちっとも</u>面白くないと思う。

  (A) しょっちゅう
  (B) たまに
  (C) 全く
  (D) 非常に

(113) 荷物が重すぎて、<u>持とうにも持てなかった</u>。

  (A) 持とうとしてもできなかった
  (B) 持ちたくなかったので、諦めた
  (C) 持つべきだったので、早速やってみた
  (D) 持つのがとても嫌だった

(114) 旅行に<u>行く代わりに</u>、その金を貯金した。

  (A) 行ったとしても
  (B) 行ったからには
  (C) 行ったと思って
  (D) 行けなかったから

(115) そこに<u>行くたびに</u>、楽しかった学生時代が思い出される。

  (A) 行く前に
  (B) 行った後で
  (C) 行くといつも
  (D) 行くと時々

(116) 飲酒運転で事故を起こしてしまったなんて、<u>自業自得</u>だね。

  (A) 後の祭り
  (B) 二階から目薬
  (C) 身から出たさび
  (D) 石の上にも三年

(117) 私は毎日電車<u>で</u>通勤している。

  (A) ここ<u>で</u>たばこを吸ってはいけない。
  (B) 答えは自分<u>で</u>考えてみてください。
  (C) 大雨<u>で</u>各地で被害が続出しているそうだ。
  (D) そこまでは車<u>で</u>1時間はかかると思う。

(118) 用事があって彼の家を<u>たずねて</u>みたが、あいにく留守だった。

  (A) 今度の夏休みには古都を<u>たずねて</u>みるつもりだ。
  (B) 少々お<u>たず</u>ねしたいことがあるのですが、お時間大丈夫でしょうか。
  (C) 船長に出発の時間を<u>たずねた</u>。
  (D) 初めて行ったところだったので、近くにあった店の人に道を<u>たずねた</u>。

(119) 間をおかずに一気に仕上げるなんて、さすが彼だね。

  (A) ここからは一行<u>おいて</u>書いてください。
  (B) 幼い子供を<u>おいて</u>家出するとは、ひどい話だ。
  (C) その小説ならテーブルの上に<u>おいて</u>あったよ。
  (D) 我が社も会社の入り口に案内係を<u>おく</u>ことにしたそうだ。

(120) このプロジェクトチームは本日を<u>もって</u>解散する。

  (A) 君の力を<u>もって</u>すれば十分可能なことだと思う。
  (B) 残念ながら、今現金は1円も<u>もって</u>いない。
  (C) 荷物が重すぎて一人で<u>もって</u>行くのは不可能だろう。
  (D) 彼は先週の月曜日を<u>もって</u>正社員になった。

VI. 下の＿＿＿＿＿線の(A)、(B)、(C)、(D)の言葉の中で正しくない言葉を一つ選び
なさい。

(121) 鈴木さんは絵を描くのが上手ですが、田中さんもスポーツが上手です。
　　　　　　(A)　　　　　(B)　　　　　　　　　(C)　　　　(D)

(122) この部屋、ちょっと息苦しいから、窓を開いて空気を入れ替えてください。
　　　　(A)　　　　　　　　(B)　　　　　(C)　　　　　(D)

(123) 昨日、文房具屋に行って消しゴム2個とノートを1本買いました。
　　　　　　　(A)　　　　　　　　(B)　　　　(C)　　(D)

(124) 普通休日には掃除をしたり音楽を見たりしながら過ごしています。
　　　　(A)　　(B)　　　　　　　　(C)　　　　　　(D)

(125) 答案を書き終えた人は静かに目を閉めて待っていてください。
　　　　　　　(A)　　　　(B)　　(C)　　　(D)

(126) 私の両親は慌ただしい都心から大分離れた静かな田舎で住んでいます。
　　　　　(A)　　　(B)　　　(C)　　　　　　　　　(D)

(127) 人前でも緊張せず話せたように十分に練習しておいてください。
　　　　(A)　　　　　　(B)　　　(C)　　　　　(D)

(128) 友達の荷物が重そうに見えたので、私が一つ持たせました。
　　　　　　　(A)　　(B)　　　　　(C)　　(D)

(129) 運命かも知れませんが、彼女と初めて会う時、この人と結婚したいと思いました。
　　　　　　　(A)　　　　　　(B)　　(C)　　　　　　(D)

(130) 何年間も来ている間に新しいビルがたくさん建っていた。
　　　　(A) (B)　　　(C)　　　　　　　(D)

(131) ここでも耳を澄ませば、遠くから鳥の鳴き声が聞いてくる。
　　　　(A)　　　　(B)　　　(C)　　　　　　　　(D)

(132) 部長はお酒を飲むなら、すぐ気分が悪くなってふらふらするそうです。
　　　　　　　　(A)　　　　　(B)　　　　　(C)　　　(D)

(133) 韓国が中国や諸外国から多大な影響をもらったのは否定できない事実である。
　　　　　　　　(A)　　　(B)　　　(C)　　(D)

(134) こちらの商品をご希望の方は2階の担当者を通じてお申し込みしてください。
　　　(A)　　　　　(B)　　　　　　　　(C)　　　　　(D)

(135) 身を入れて何かをすれば、どんなことでもすぐに上手する。
　　　(A)　　　(B)　　　　　(C)　　　　(D)

(136) その国には家事は女性の仕事だという型にはめた考え方を持っている男性がまだ多い。
　　　　(A)　　　　(B)　　　(C)　　　(D)

(137) 10年以上も休まずに働いていた父にとってお金とは血と涙の結晶にすぎない。
　　　　(A)　　　　　　　　(B)　　　　　　　(C)　(D)

(138) 彼は今の力を権力者に尻尾を巻いて手に入れたため、国民たちは誰一人彼を
　　　　　　　(A)　　　　(B)　　　(C)

認めようとしなかった。
　(D)

(139) 彼を信じて下駄を預けていたが、事態がこうなってしまっては私が直接やる
　　　(A)　　　(B)　　　　　　　(C)

よりほかならない。
　　(D)

(140) 雨の予報を見て雨傘を持って出かけたのに雨が降らなくて、私たちは肩透かしを
　　　(A)　　　　　　　　　　　　　　(B)

受けたような気持ちになった。
　(C)　　　(D)

(141) すみませんが、お国は＿＿＿＿＿ですか。

    (A) どれ

    (B) どちら

    (C) どこか

    (D) どなた

(142) 鈴木さんは貿易会社で働いていたが、すぐ辞めて今は銀行＿＿＿＿＿勤めています。

    (A) で

    (B) に

    (C) が

    (D) を

(143) ナイフ＿＿＿＿＿手を切って血が出ました。

    (A) と

    (B) で

    (C) に

    (D) まで

(144) このバスは駅前＿＿＿＿＿止まりません。

    (A) を

    (B) とは

    (C) へは

    (D) には

(145) 今、教室の中には＿＿＿＿＿いません。

    (A) だれか

    (B) だれが

    (C) だれも

    (D) だれにも

(146) すみませんが、もう少し前髪を＿＿＿＿＿していただけませんか。

    (A) 短い

    (B) 短く

    (C) 短くて

    (D) 短かった

(147) 今、晩ご飯が＿＿＿＿＿＿ところですから、食べて行きませんか。

    (A) できた

    (B) しまった

    (C) つくった

    (D) なおった

(148) わからない部分を鈴木先生が優しく説明して＿＿＿＿＿＿。

    (A) もらった

    (B) いただいた

    (C) くださった

    (D) さしあげた

(149) 今度の事故はうちの会社に大きな＿＿＿＿＿＿になるだろう。

    (A) チャージ

    (B) ダメージ

    (C) イメージ

    (D) アレンジ

(150) 草原で牛が1＿＿＿＿＿＿草を食っています。

    (A) 匹

    (B) 羽

    (C) 頭

    (D) 枚

(151) 鈴木君、英語がぺらぺらなんだって。＿＿＿＿＿＿、ドイツ語もできるそうよ。

    (A) すると

    (B) それに

    (C) それで

    (D) しかし

(152) いつもご馳走になっているので、今日は私に＿＿＿＿＿＿ください。

    (A) おごって

    (B) おごらせて

    (C) いただいて

    (D) 召し上がって

(153) 彼もあなたの気持ちはわかっていると思うから、そんなに________にしなくてもいいよ。

(A) 心

(B) 気

(C) 息

(D) 耳

(154) 今度の出来事について先生は何と________。

(A) なさいましたか

(B) おいでになりましたか

(C) おっしゃいましたか

(D) ご覧になりましたか

(155) 靴を________、デパートよりあの店の方が安いですよ。

(A) 買うと

(B) 買えば

(C) 買ったら

(D) 買うなら

(156) 山田先生の授業は難しくてちょっと________にくい。

(A) わかる

(B) わかり

(C) わから

(D) わかろう

(157) 政治の無策を老人に押し付け、若者と対峙させるような政府のやり方には違和感を
________。

(A) ととのえる

(B) おぼえる

(C) おぎなう

(D) やしなう

(158) 最近、________昔別れた彼女に会いたくなる時がある。

(A) ともかく

(B) さぞかし

(C) 徐々に

(D) 無性に

(159) 国民年金の破綻を防ぐためには、制度の＿＿＿＿＿＿見直しが求められる。

    (A) 創造的な

    (B) 合法的な

    (C) 理論的な

    (D) 抜本的な

(160) パワー半導体は家電製品や電気自動車に＿＿＿＿＿＿。

    (A) 欠く

    (B) 欠ける

    (C) 欠かない

    (D) 欠かせない

(161) 口コミを一気に広げるSNSは広告においても重要な存在になりつつ＿＿＿＿＿＿。

    (A) ある

    (B) なる

    (C) する

    (D) くる

(162) 人はある年齢になると、老後をいかに＿＿＿＿＿＿暮らすかを考えるようになる。

    (A) おおはばに

    (B) ゆたかに

    (C) おおげさに

    (D) はるかに

(163) 12月に入って日暮れの時間が＿＿＿＿＿＿早くなった。

    (A) すんなり

    (B) きっちり

    (C) めっきり

    (D) ゆったり

(164) 一人での作業だと、どうしても発想が偏り＿＿＿＿＿＿になる。

    (A) がち

    (B) 気味

    (C) やすい

    (D) っぽい

(165) 首相は都合の悪い質問には＿＿＿＿＿を決め込み、いつも無言で素通りする。

    (A) きまり

    (B) だんまり

    (C) かたまり

    (D) せんぎり

(166) このドラマでは、妻や娘、実家とのやりとり＿＿＿＿＿日常の機微を丁寧に描いている。

    (A) をおいて

    (B) において

    (C) を通じて

    (D) にとって

(167) 社会も会社も女性の力が求められて＿＿＿＿＿のに、日本で女性の社会進出は今もおぼつかない。

    (A) まぶしい

    (B) ひさしい

    (C) いとしい

    (D) めざましい

(168) 日本を＿＿＿＿＿安全保障環境は非常に厳しく、国際的地位は相対的に低下している。

    (A) 取り入れる

    (B) 取り扱う

    (C) 取り出す

    (D) 取り巻く

(169) 国内景気はすでに後退局面に入っており、これまで景気を＿＿＿＿＿してきた国民の消費も冷え込んできた。

    (A) 下支え

    (B) 駄目押し

    (C) 裏返し

    (D) 板挟み

(170) 北朝鮮のミサイル発射予告は、韓国が大統領選を間近に＿＿＿＿＿中で出された。

    (A) かかえる

    (B) ひかえる

    (C) となえる

    (D) かなえる

VIII. 下の文を読んで、後の問いにもっとも適した答えを(A)から(D)の中で一つ選び
　　なさい。

(171~174)

　　ボランティアで①ごみ拾いを始めてまだ3カ月しか経っていませんが、使用したごみ袋
は50枚以上になります。自宅周辺の道路と公園だけですが、一通り拾い尽くしても、翌
週には拾ったごみとほとんど同じ量のごみが散らかっています。ごみの中で一番多いの
は、飲食物の容器です。各自持ち帰って分別すれば、資源にもなるものもあるというの
に、勿体ないと思います。また、多いのがたばこの吸い殻です。たばこのパッケージや
ライターも捨てられています。ごみ拾いをして、ごみの大小にかかわらず、不法投棄へ
の対策強化が必要だと痛感しました。ごみ拾いはこれからも続けますが、ごみを決めら
れた場所ではないところに捨てる人をなくさない限り、根本的な解決にはならないと思
います。

(171) この人の①ごみ拾いについての説明の中で、正しくないものはどれですか。

　　(A) まだ3カ月しか経っていない。
　　(B) 使用したごみ袋は50枚以上になる。
　　(C) 自宅周辺の道路と公園のごみを拾っている。
　　(D) 翌週には拾ったごみより少ないごみが散らかっている。

(172) この人が捨てられた飲食物の容器を見て勿体ないと思った理由は何ですか。

　　(A) 資源になるものもあるから
　　(B) もともとの値段が高いから
　　(C) まだ使えるものもたくさんあったから
　　(D) 処理費用があまりかからないごみだから

(173) この人が拾ったごみの中でもっとも多いごみは何ですか。

　　(A) 吸い殻
　　(B) ライター
　　(C) 飲食物の容器
　　(D) たばこのパッケージ

(174) この人がごみ拾いを通じて感じたこととして正しいものはどれですか。

　　(A) 不法投棄への対策強化が必要だ。
　　(B) 一人でごみ拾いをするのはとても大変だ。
　　(C) 道にはリサイクルできるごみがいっぱい落ちている。
　　(D) 思ったよりごみを決められた場所ではないところに捨てる人は少ない。

(175～178)

> 　娘が通う保育園では毎年、子供劇の行事があった。①＿＿＿＿＿、練習のために本来保育で大切な友達や自然との遊びの時間が削られるため、保育園は今年から劇を廃止する方針を打ち出した。反対する親も当然おり、今年度に入って何度も話し合いが持たれているが、私は親として、就学前の子供には大人が用意したカリキュラムをこなした達成感よりも、自分の欲求を満し、自己肯定感を育ててもらいたいと思っている。無気力な若者の増加は、自分の欲求が満されない教育の結果ではないだろうか。幼稚園と保育園を統合した子供園の設立が検討されているが、子供の生きる力の発達を前提とした内容を検討していただきたいと思う。

(175) 本文の内容からみて、①＿＿＿＿＿に入るもっとも適当な言葉は何ですか。

 (A) だが
 (B) そして
 (C) そこで
 (D) それから

(176) 保育園が今年から子供劇を廃止することにした理由は何ですか。

 (A) 廃止を求める親が多かったから
 (B) 子供たちがやりたがらなかったから
 (C) 子供の教育にあまり役に立たないから
 (D) 友達や自然との遊びの時間が削られるから

(177) この人が思っている無気力な若者の増加の原因は何ですか。

 (A) 教育の質の低下
 (B) 雇用環境の変化
 (C) 長期にわたる不景気
 (D) 自分の欲求が満されない教育の結果

(178) この人の主張として正しいものはどれですか。

 (A) 子供の欲求を満す教育をしてほしい。
 (B) 子供の家庭での教育を充実させてほしい。
 (C) 子供が願うことは何でも聞いてあげてほしい。
 (D) 大人がもっと積極的にカリキュラムを用意してほしい。

(179~181)

コンビニで酒を買う時に、とても不快な思いをしていたレジの画面にタッチをする年齢確認方法が、私が長年利用している大手スーパーにまで採り入れれられて、①＿＿＿＿＿している。②タッチ式年齢確認は、未成年であることを自己申告させるものだから、もともと運転免許証などの公的証明を提示させる方法に比べれば不完全な方法なのである。その上に、高齢者や壮年者など、一目で成年者とわかる客にまでタッチを求める非礼もしているのだ。

この方法は「当店では年齢確認をきちんとやっていますよ」という単なるアリバイ作りと、未成年者への販売の責任を客側に押し付けるだけの、店側に都合のよい方法に過ぎない。効果が薄く、かつ客に不快な思いをさせ、結局は経費の無駄遣いでもあるこの方法は、一刻も早く止めるべきだ。

(179) 本文の内容からみて、①＿＿＿＿＿に入るもっとも適当な言葉は何ですか。

(A) すっかり

(B) うっかり

(C) がっかり

(D) がっちり

(180) ②タッチ式年齢確認についての説明の中で、正しくないものはどれですか。

(A) 一目で成年者とわかる客もタッチを求められる。

(B) 未成年であることを自己申告させるものであると言える。

(C) 採り入れられてから未成年者の酒の購入は大幅に減った。

(D) 公的証明を提示させる方法に比べて不完全な方法である。

(181) タッチ式年齢確認に対するこの人の考えと合っていないものはどれですか。

(A) 経費の無駄遣いである。

(B) 客に不快な思いをさせる。

(C) 店側に都合のよい方法に過ぎない。

(D) 公的証明を提示させる方法より効果は大きい。

(182〜185)

　日本語の「幸せ」は「辛い」という漢字に一本の線を加えていて、それは渡り鳥が辛い旅路に一休みする止まり木を意味しているらしい。ところが、欧米の「HAPPY」は違う。渡り鳥で例えるなら、皆で歌いながら海を渡っている様を欧米人は「HAPPY」と言う。僕は様々な国で放映される広告を依頼され、映像監督として国境や人種を超える表現を求められている。その中で、「幸せ」とか「安心」とか普遍的な事柄を表す言葉の意味を、安易に①辞書の上だけで信じないように注意している。②＿＿＿＿、「幸せ」を止まり木で休息する渡り鳥で描けば、欧米人には孤独、悲壮、憂うつなどの③＿＿＿＿として受け入れられる恐れがある。このように常識をただ脳に記憶するのではなく、経験や体験と照合しながら、感覚として体に記憶させることが、国境を超える物作りには不可欠なのだ。

(182) ①辞書の上だけで信じないの理由として正しいものはどれですか。

    (A) 敢えて辞書を引かなくてもどこの国でも通用するから

    (B) 辞書には間違った意味で載っている言葉が多いから

    (C) 辞書では抽象的な表現で書かれている場合が多いから

    (D) 他の国では多少違う意味として受け取られるかもしれないから

(183) 本文の内容からみて、②＿＿＿＿に入るもっとも適当な言葉は何ですか。

    (A) さて

    (B) ところで

    (C) つまり

    (D) しかしながら

(184) 本文の内容からみて、③＿＿＿＿に入るもっとも適当な言葉は何ですか。

    (A) 的確した表現

    (B) あいまいな表現

    (C) ポジティブな表現

    (D) ネガティブな表現

(185) この人は国境を超える物作りには何が必要だと言っていますか。

    (A) 自国文化の優れているところをよく理解しておくこと

    (B) 常識を経験や体験と照合しつつ、感覚として体に記憶させること

    (C) 他国の文化にない要素を見出し、そこを集中的に攻略すること

    (D) 自国の文化にこだわらず、他国の文化を積極的に受け入れること

> 私はたばこの問題・被害に関する市民運動に①＿＿＿＿いますが、その活動の中で、一般の方から「禁煙したい」「家族の喫煙依存を止めさせたい」というお話をよく伺います。そのたびに「②禁煙外来に行ったことがありますか」と尋ねるのですが、大半の方が「それは何ですか」と聞き返してこられます。禁煙外来の存在すら全く知らない方が大変多いようなのです。禁煙外来は全国各地の病院・医院にあり、ネットなどで所在地がすぐに検索できます。健康保険も喫煙年数により適用され、経費は1日当たり200円程度、医師の指示通りにすれば、多くの人が数カ月以内に禁煙に成功しています。現在のたばこには人体に有害な成分の他、③＿＿＿＿を高めるとも言われる薬物が添加されていることはご存じでしょうか。単なる我慢の禁煙では失敗するのが普通なのです。どうか「医師の力」で「卒煙」に挑戦してみてください。

(186) 本文の内容からみて、①＿＿＿＿に入るもっとも適当な言葉は何ですか。

    (A) 備えて

    (B) 賄って

    (C) 構えて

    (D) 関わって

(187) ②禁煙外来についての説明の中で、正しくないものはどれですか。

    (A) 全国各地の病院・医院にある。

    (B) 経費は1日当たり200円程度である。

    (C) 健康保険は喫煙年数に関係なく適用される。

    (D) ネットなどで所在地がすぐに検索できる。

(188) 本文の内容からみて、③＿＿＿＿に入るもっとも適当な言葉は何ですか。

    (A) 協調性

    (B) 遺伝性

    (C) 依存性

    (D) 因果性

(189) 本文のタイトルとしてもっとも相応しいものはどれですか。

    (A) 禁煙は意志より医師

    (B) 強い意志で明日から禁煙

    (C) 禁煙の近道は我慢、また我慢

    (D) ポイ捨てで汚れていくのはその心

(190~192)

　　お風呂で30分以上お湯に手を浸けると、指がしわしわになってしまう経験をした人は多いはずだ。皮膚の表面には、何層も死んだ細胞が重なっている「角質」という層があって、そこに水分が染み込み、ふやけて膨らむ。角質層の下にある皮膚と体積の差ができて、しわが寄る。乾燥したわかめを水に浸けてしばらくすると、水を吸って何倍にも大きくなるのと同じことである。ところで、手の指だけしわしわになるのは何故か。お腹やお尻もずっとお湯に浸かっているのにしわしわにはならない。それは手の角質層が他の部分よりも分厚いからである。手足の角質層は厚さが0.5～1ミリほどもあるが、これは顔の10倍の厚さである。しわしわになっても、すぐ元通りに戻るが、角質層を上から見ると、六角形をしていて隣同士がきれいにくっついている。だから、ふやけても水が蒸発すればきれいに戻る。

(190) 長時間お湯に手を浸けると、指がしわしわになってしまう理由は何ですか。

　　(A) 体の中の水分が手に集まるから

　　(B) 体の中で皮膚が一番弱いから

　　(C) 皮膚の中の水分が抜け出されるから

　　(D) 角質に水分が染み込み、ふやけて膨らむから

(191) お腹やお尻をずっとお湯に浸かっていてもしわしわにはならない理由は何ですか。

　　(A) お腹やお尻は温度変化に鈍感だから

　　(B) お腹やお尻の汗孔が手より大きいから

　　(C) お腹やお尻には角質層が存在しないから

　　(D) お腹やお尻の角質層は手の角質層のように分厚くないから

(192) 指がしわしわになってもすぐ元通りに戻る理由は何ですか。

　　(A) 角質層の水が蒸発するから

　　(B) 指が水をすぐ吸収してしまうから

　　(C) 血の流れがもっともいい部位だから

　　(D) 角質層の下にある皮膚が堅くなるから

(193～196)

> 　首都圏の駅に変わり種の自動販売機が登場している。東京メトロ銀座駅にある改札そばの自販機には、リンゴがずらりと並んでいる。半分と食べやすいサイズにスライスされ、白い果肉が袋から透けて見える。近くのビルで働く佐々木慶子さんは「小腹が空いた時、お菓子よりヘルシーかなって」と話す。このような①リンゴ自販機は、神戸市の商社が、「スナック感覚でリンゴを食べる習慣を広めたい」と、2011年1月に霞ケ関駅に初めて設置した。現在は東京メトロなどの5駅に計6台ある。この約半年前には、渋谷駅に直結する地下通路にバナナの自販機が設置された。この他、JR恵比寿駅などに文庫本、JR秋葉原駅などにアニメキャラクターのフィギュアや昆虫の模型、JR平塚駅には災害時の非常食にもなる缶入りパンの自販機などがある。このような自販機の増加は、駅の売店が減少していることも背景にあるようだ。個性派自販機は今後もますます増える見込みである。

(193) 東京メトロ銀座駅にある改札そばの自販機ではどんな商品を売っていますか。

    (A) 一口で食べられる小さいサイズのリンゴ

    (B) 食べやすいサイズにスライスされたリンゴ

    (C) ご飯の代用品としての大きいサイズのリンゴ

    (D) リンゴ以外に何も添加されていないリンゴジュース

(194) ①リンゴ自販機についての説明の中で、正しくないものはどれですか。

    (A) 神戸市の商社が開発したものである。

    (B) 現在は東京メトロなどの5駅に計6台ある。

    (C) リンゴを食べる習慣を広めるために作られた。

    (D) 設置当時から今までずっと飛ぶように売れている。

(195) 自販機の増加の背景にはどんなことがありますか。

    (A) 激しい価格競争

    (B) 設置費用の安さ

    (C) 駅にある売店の減少

    (D) 消費者の味覚の変化

(196) 変わり種の自動販売機のこれからの展望として正しいものはどれですか。

    (A) 今後ますます減る。

    (B) 今後ますます増える。

    (C) 当分の間、横這いの状態を維持する。

    (D) 地域差がかなりあるため、予測できない。

(197〜200)

> 　過去に消費者被害に遭った人のうち、4割近くが誰にも相談せず①＿＿＿＿＿＿＿いたことが消費者庁の調べでわかった。同庁が消費者問題への対処法を探るために実施されたこの調査は、実質的な「消費者白書」第1号として近く公表される。
>
> 　同庁は今年3月、18歳以上の2千人を対象に、インターネットで②<u>消費生活に関する意識調査</u>を実施した。約2割の人が、過去に購入した商品やサービスで「被害に遭ったことがある」と回答し、このうち約6割の人が契約して代金の一部は支払ってしまっていた。
>
> 　③＿＿＿＿＿＿＿、「被害を誰かに相談したか」(複数回答)との設問では、「誰にも相談しなかった」が36.2%で最多。「身近な人に相談した」が29.4%で続いたが、行政の消費者窓口に相談した人は13.1%にとどまった。誰にも相談しなかった理由の半数以上が「相談しても仕方がないと思った」だった。報告書は「消費者行政への信頼度が、依然としてあまり高くないと考えられる」と分析している。

(197) 本文の内容からみて、①＿＿＿＿＿＿＿に入るもっとも適当な表現は何ですか。

- (A) 溝ができて
- (B) 天狗になって
- (C) 泣き寝入りして
- (D) 有頂天になって

(198) ②<u>消費生活に関する意識調査</u>についての説明の中で、正しくないものはどれですか。

- (A) 約2割の人は被害に遭ったことがあると回答した。
- (B) 約6割の人は契約して代金の一部は支払っていた。
- (C) 今年3月、18歳以上の2千人を対象にした調査である。
- (D) 調査の目的は消費者問題への対処法を探るためである。

(199) 本文の内容からみて、③＿＿＿＿＿＿＿に入るもっとも適当な表現は何ですか。

- (A) その一方で
- (B) 何に付けても
- (C) にもかかわらず
- (D) それはさておいて

(200) 被害に遭った人のうち、半数以上が誰にも相談しなかった理由は何ですか。

- (A) 相談しても仕方がないと思ったから
- (B) 恥ずかしくて誰にも言えなかったから
- (C) 誰かに相談するのが面倒くさかったから
- (D) 相談するのに費用がかかるかもしれないと思ったから

<table>
<tr><td>受験番号</td><td></td><td></td><td></td><td></td><td></td></tr>
<tr><td>姓名</td><td colspan="5"></td></tr>
</table>

JPT 日本語能力試験

JAPANESE PROFICIENCY TEST

실전 모의고사

次の質問1番から質問100番までは聞き取りの問題です。

どの問題も一回しか言いませんから、よく聞いて答えを(A), (B), (C), (D)の中から一つ選びなさい。答えを選んだら、それにあたる答案用紙の記号を黒くぬりつぶしなさい。

Ⅰ. 次の写真を見て、その内容に合っている表現を(A)から(D)の中で一つ選びなさい。

(例)

(A) ここは銀行です。

(B) ここは郵便局です。

(C) ここは病院です。

(D) ここは図書館です。

答　(A) (●) (C) (D)

(1)

南
都
銀
行

(2)

HOPE
Marlboro
LIGHTS
hi-lite
Seven Stars
Seven Stars
Seven Stars
LUCIA
MILD SEVEN
Peace
LIGHTS
CABIN
CABIN

次のページに続く ⟹

(3)

(4)

(5)

(6)

次のページに続く ⟹

(7)

下　足　履　替
靴箱をご利用下さい
CHANGE
Please take off
your shoes

(8)

奈　良　交　通
出口
EXIT
運賃箱
乗合

(9)

(10)

次のページに続く

(11)

(12)

(13)

(14)

次のページに続く

(15)

(16)

58

(17)

(18)

次のページに続く

(19)

(20)

60

II. 次の言葉の返事として、もっとも適したものを(A)から(D)の中で一つ選びなさい。

(例) 明日は何をしますか。

 (A) 公園に行きました。
 (B) 金曜日です。
 (C) 運動をしました。
 (D) 友達の家に遊びに行きます。

(21) 答えを答案用紙に書き入れなさい。

(22) 答えを答案用紙に書き入れなさい。

(23) 答えを答案用紙に書き入れなさい。

(24) 答えを答案用紙に書き入れなさい。

(25) 答えを答案用紙に書き入れなさい。

(26) 答えを答案用紙に書き入れなさい。

(27) 答えを答案用紙に書き入れなさい。

(28) 答えを答案用紙に書き入れなさい。

(29) 答えを答案用紙に書き入れなさい。

(30) 答えを答案用紙に書き入れなさい。

(31) 答えを答案用紙に書き入れなさい。

(32) 答えを答案用紙に書き入れなさい。

(33) 答えを答案用紙に書き入れなさい。

(34) 答えを答案用紙に書き入れなさい。

(35) 答えを答案用紙に書き入れなさい。

(36) 答えを答案用紙に書き入れなさい。

(37) 答えを答案用紙に書き入れなさい。

(38) 答えを答案用紙に書き入れなさい。

(39) 答えを答案用紙に書き入れなさい。

(40) 答えを答案用紙に書き入れなさい。

(41) 答えを答案用紙に書き入れなさい。

(42) 答えを答案用紙に書き入れなさい。

(43) 答えを答案用紙に書き入れなさい。

(44) 答えを答案用紙に書き入れなさい。

(45) 答えを答案用紙に書き入れなさい。

(46) 答えを答案用紙に書き入れなさい。

(47) 答えを答案用紙に書き入れなさい。

(48) 答えを答案用紙に書き入れなさい。

(49) 答えを答案用紙に書き入れなさい。

(50) 答えを答案用紙に書き入れなさい。

次のページに続く ⟹

III. 次の会話をよく聞いて、後の問いにもっとも適したものを(A)から(D)の中で一つ選びなさい。

(例) 女：昨日、友達の家に行きました。

男：何をしましたか。

女：音楽を聞いたり話したりしました。

男：そうですか。私は昨日家でテレビを見ました。

男の人は昨日何をしましたか。

(A) 音楽を聞いた。

(B) 友達と話した。

(C) 家でテレビを見た。

(D) 勉強をした。

(51) 女の人はいくら払いますか。

(A) 250円

(B) 750円

(C) 900円

(D) 1000円

(52) 男の人はいつ会社に戻りますか。

(A) 4時過ぎに

(B) 山本さんが来る前に

(C) 山本さんが帰る前に

(D) 今日の夕方頃

(53) 男の人はこれからどうしますか。

(A) ここで今すぐ新宿行きの電車に乗る。

(B) ここで15分ぐらい待った後、新宿行きの電車に乗る。

(C) 3番線まで行って、もうすぐ来る新宿行きの電車に乗る。

(D) 3番線まで行って、15分ぐらい待った後、新宿行きの電車に乗る。

(54) 女の人はどうして英語で話しませんでしたか。

(A) もともと英語が嫌いだったから

(B) 英語力に自信がなかったから

(C) 英語で話す機会が全然なかったから

(D) 友達に威張っているよう見られるのが嫌だったから

(55) 火事はどこで起きましたか。

(A) 二人の家の近く

(B) 近くの公園

(C) 遠く離れた高層ビル

(D) よくわからない。

(56) 男の人はこれからどうしますか。

(A) ワインをしまっておく。

(B) 肉と野菜をテーブルに並べておく。

(C) 人数に合わせて椅子を並べておく。

(D) グラスやお箸をテーブルに並べておく。

(57) 女の人の考えとして正しいものはどれですか。

(A) 会議の時間を変更してもかまわない。
(B) 絶対会議の時間を変更してはいけない。
(C) なるべく会議の時間を変更しないでほしい。
(D) 事情によっては、会議の時間の変更もあり得る。

(58) 男の人が100台も車を売ることができた理由は何でしたか。

(A) 車について専門知識を持っていたから
(B) 客に車の説明を易しくしてあげたから
(C) 売れなくても一度も諦めなかったから
(D) 車以外の話で客と親しくなれたから

(59) 薬についての説明の中で、正しいものはどれですか。

(A) 白い薬は食前に二つ飲む。
(B) 白い薬は食後に一つ飲む。
(C) 赤いのは痛い時だけ一つ飲む。
(D) 赤いのはかゆい時だけ二つ飲む。

(60) 二人の会話の内容と合っているものはどれですか。

(A) 男の人は水泳が苦手なようだ。
(B) 女の人は最近料理教室に通っている。
(C) 男の人は最近水泳がずいぶん上達したようだ。
(D) 女の人は最初から水に入るのはあまり恐くなかったようだ。

(61) 男の人は女の人にどんな注意をしましたか。

(A) もっと口を慎むようにと注意をした。
(B) 新入社員を厳しく指導するようにと注意をした。
(C) 新入社員と仲良くするようにと注意をした。
(D) 電話の受け答えには気を付けるようにと注意をした。

(62) 男の人が髪型を変えた理由は何ですか。

(A) 前の髪型に飽きたから
(B) 彼女に振られたから
(C) 彼女に前の髪型は嫌だと言われたから
(D) 今の流行についていけていないと思ったから

(63) 男の人はこれからどうしますか。

(A) 木下さんが戻るのを待つ。
(B) 木下さんからの電話を待つ。
(C) 木下さんに電話してみる。
(D) 木下さんに会いに行く。

(64) 男の人はどうして検査を受けたがらないですか。

(A) あまり時間がなかったから
(B) 軽い病気に決まっているから
(C) 重病だと言われたら、恐いから
(D) 検査を受ける必要は全くないと思ったから

(65) 今の季節はいつですか。

(A) 春
(B) 夏
(C) 秋
(D) 冬

次のページに続く ⇨

(66) 女の人はどうしましたか。

(A) 遅れて履歴書を受け付けてもらえな
かった。
(B) どこかに履歴書を置いて来てしまった。
(C) きちんとした履歴書を書くことができ
た。
(D) 時間がなくて身なりを整える余裕が
なかった。

(67) 男の人はこれからどうしますか。

(A) なるべくラーメンを食べないように
する。
(B) ラーメンを全く食べないように努力
する。
(C) ラーメンの代わりにうどんを食べる
ようにする。
(D) 今までのようにラーメンを食べ続ける。

(68) 二人の会話の内容と合っているものは
どれですか。

(A) 駅前の店は毎月三日間安価で物を
売っている。
(B) 女の人は気に入る物がなさそうだか
ら、買わないことにした。
(C) 男の人は学生である自分にこのイベ
ントはいい機会だと思っている。
(D) このイベントはどんな物でも値段よ
り安く買えるので、二人はいいチャ
ンスだと思っている。

(69) 男の人の今日のスケジュールについて
正しいものはどれですか。

(A) 歯医者 → 中村商事との話し合い →
山田さんとの食事
(B) 歯医者 → 山田さんとの食事 → 中
村商事との話し合い
(C) 中村商事との話し合い → 歯医者 →
山田さんとの食事
(D) 山田さんとの食事 → 歯医者 → 中
村商事との話し合い

(70) 二人の会話の内容と合っていないもの
はどれですか。

(A) 今日の午前中には雨が降った。
(B) 男の人は明日もきっと雨になると信
じ込んでいる。
(C) 二人とも最近の天気予報はあまり信
じられないと思っている。
(D) 天気予報では、今日の午後からは雨
が降らないと言った。

(71) 男の人はどうして法律関係の仕事をし
ている人を探していますか。

(A) 税金の減税について相談したくて
(B) 近所の人の騒音について相談したくて
(C) 近所の建物の工事について相談した
くて
(D) 起訴された友人の弁護について相談
したくて

(72) 女の人の考えとして正しいものはどれ
ですか。

(A) 男の人は悩みなんかない人である。
(B) 男の人の悩みはあまり聞く価値がない。
(C) 男の人の悩みは真剣な相談ばかりだ。
(D) 男の人の悩みはちゃんと聞いてあげ
るべきだ。

(73) 二人の会話でどんなことがわかりますか。

(A) 二人が話している市場の魚は質もい
いし、値段も安い。
(B) 二人が話している市場の魚は質はい
いが、値段が高い。
(C) 二人が話している市場の魚は質がよ
くないし、値段も高い。
(D) 二人が話している市場の魚は質はよ
くないが、値段は安い。

(74) 女の人の考えとして正しいものはどれですか。

(A) 日本商事との契約を諦めるわけにはいかない。

(B) 業績は回復しつつあるから、もう心配は要らない。

(C) 日本商事は他社への影響力がないと断言できる。

(D) 日本商事と契約を結んでも、会社には何の利益もない。

(75) 二人の会話の内容と合っていないものはどれですか。

(A) 男の人は商売がうまくいくに相違ないと思っていた。

(B) 男の人は商売に失敗し、借金だらけになってしまった。

(C) 女の人は男の人がもっと努力すればきっと成功できると思っている。

(D) 女の人は男の人が周りの人に相談しなかったから、商売に失敗したと思っている。

(76) 二人の会話の内容と合っているものはどれですか。

(A) 男の人は入社試験の面接に通った。

(B) 男の人は面接で個性は関係ないと思っている。

(C) 女の人は面接では何も話さない方がいいと思っている。

(D) 女の人は男の人がしゃべりすぎたのかもしれないと思っている。

(77) 中村さんについての説明の中で、正しいものはどれですか。

(A) 一人で中国に行ってきた。

(B) 女の人と中国に行ってきた。

(C) 女の人と中国に行くつもりだ。

(D) 仕事で忙しくて中国には行けなかった。

(78) 二人の会話の内容と合っていないものはどれですか。

(A) 男の人にとって田中君の翻訳はわかりにくいようだ。

(B) 男の人は田中君の翻訳を会議の資料として使うわけにはいかないと思っている。

(C) 女の人はある言語を話せる人なら、翻訳も容易にできると思っている。

(D) 女の人は費用がかかってもプロに翻訳を依頼した方がいいと思っている。

(79) 二人の会話の内容と合っていないものはどれですか。

(A) 国民総生産はマイナス成長に転じた。

(B) 個人消費に関係なく輸出は異常に伸びつつある。

(C) 今度のマイナス成長は2001年以来の大きさである。

(D) 国民総生産がマイナスになった理由は個人消費が落ち込んでいるからである。

(80) 二人の会話の内容と合っているものはどれですか。

(A) 男の人は技術の進歩で負の側面も出たと思っている。

(B) 女の人はコミュニケーションの中心は人間ではないと駄目だと思っている。

(C) 女の人は技術の進歩でよくなったところはほとんどないと思っている。

(D) 男の人は技術の進歩はいつも喜ばしいことだと思っている。

次のページに続く →

IV. 次の文章をよく聞いて、後の問いにもっとも適したものを(A)から(D)の中で一つ
選びなさい。

(例) ご来店のお客様にお知らせを申し上げます。千代田区からお越しの鈴木様、鈴木
様、至急1階の案内デスクまでお越しくださいませ。続きまして、お客様のお呼び
出しを申し上げます。大阪からお越しの山田様、山田様、お連れ様がお待ちですの
で、2階の婦人服売り場までお越しください。

(1) ここはどこですか。

(A) デパート
(B) 図書館
(C) 病院
(D) コンビニ

(2) 山田さんはどうすればいいですか。

(A) 自宅に電話する。
(B) 2階に行く。
(C) 鈴木さんに電話する。
(D) 大阪に行く。

(81) この人の娘さんが生まれた時の様子と
して正しいものはどれですか。

(A) 思ったより背が高かった。
(B) 髪の毛が少し茶色かった。
(C) 普通の赤ちゃんより太っていた。
(D) 普通の赤ちゃんより痩せていた。

(82) この人の娘さんは先日スーパーで年配
の女性にどんな誤解を受けましたか。

(A) 髪を染めたと誤解された。
(B) 病気があると誤解された。
(C) この人の娘ではないと誤解された。
(D) この人が子供をいじめていると誤解
された。

(83) この人の説明に年配の女性はどんな反
応でしたか。

(A) すぐ納得してくれた。
(B) どんな反応も示さなかった。
(C) 全く納得できないと怒った。
(D) この人の話を聞こうとしなかった。

(84) この人の主張として正しいものはどれ
ですか。

(A) 何でもはっきり言った方が誤解され
ない。
(B) 言葉というのはなるべく少ない方が
いい。
(C) 日常生活では人の外見も無視できない。
(D) 思い込みで外見のことを言わないで
ほしい。

(85) この人は何人家族ですか。

  (A) 2人
  (B) 3人
  (C) 4人
  (D) 5人

(86) この人がクラブ活動で遅く帰る場合、この人のお父さんは何をしますか。

  (A) 掃除だけする。
  (B) 夕食の支度だけする。
  (C) 何もしないでこの人を待つ。
  (D) 洗い物や夕食の支度をする。

(87) この人は自分よりお父さんの方が帰りが遅い時、何をしますか。

  (A) 一人でご飯を食べる。
  (B) 家事や夕食の支度をする。
  (C) 何もしないでお父さんを待つ。
  (D) 家事だけやって、父の帰宅を待つ。

(88) この人についての説明の中で、正しくないものはどれですか。

  (A) 4月から短期大学に進学する。
  (B) 今まで家事にはあまり積極的ではなかった。
  (C) 一番尊敬して感謝している人はお父さんである。
  (D) お父さんと互いに協力し合い、工夫して楽しい毎日を送っている。

(89) 先日、電車の中でどんなことがありましたか。

  (A) ある女性の買い物袋から変なにおいがした。
  (B) ある女性が勘違いして他人の袋を持って降りてしまった。
  (C) ある女性が買い物袋を電車に置いたまま降りてしまった。
  (D) ある女性の買い物袋から牛乳がこぼれて床が真っ白になってしまった。

(90) 50代ぐらいの女性はどんな行動を取りましたか。

  (A) 床をきれいに掃除してから降りた。
  (B) 汚れた床は自分とは関係ないと怒った。
  (C) 床にこぼれた牛乳をそのままにしておいて降りた。
  (D) 周りの人に床の掃除を助けてもらいたいとお願いした。

(91) 高校生らしい女の子たちはどんな行動を取りましたか。

  (A) 50代の女性に文句を言った。
  (B) 50代の女性と一緒に床を拭いた。
  (C) 持っていたタオルで汚れた床を拭いた。
  (D) 電車を降りるまで見て見ないふりをしていた。

次のページに続く ⇒

(92) この人が住んでいる県の雪の降り方と
　　　して正しいものはどれですか。

　　(A) 一つの地域に集中して降る。
　　(B) 雨と一緒に降る場合が多い。
　　(C) 他の地域とそれほど変わらない。
　　(D) 強風のため、横から降るように思わ
　　　　れる。

(93) この人は何が危ないと思っていますか。

　　(A) 凍った道で車を運転すること
　　(B) 傘も差さないで風雪の中を歩くこと
　　(C) 壊れやすい傘が多く売られていること
　　(D) 壊れた傘が町のあちこちに放り投げ
　　　　られていること

(94) この人の主張として正しいものはどれ
　　　ですか。

　　(A) 安い傘は使用を控えるべきだ。
　　(B) 壊れた傘も回収の決まりが必要だ。
　　(C) 今の傘の値段はどう考えてみても納
　　　　得できない。
　　(D) 風雪の危険性をもっと多くの人に知
　　　　らせるべきだ。

(95) この人が考えている若者とはどんな存
　　　在ですか。

　　(A) あまり変化を望まない存在
　　(B) 時代感覚が劣っている存在
　　(C) 流行に敏感で変化し続ける存在
　　(D) 時代の変革期に最初に立ち上がる存在

(96) この人が若者について心配しているこ
　　　とではないものはどれですか。

　　(A) 思考力が落ちていること
　　(B) 時代感覚に劣っていること
　　(C) 政治問題に関心を持ちすぎること
　　(D) 今自分が好きなことだけに集中して
　　　　いること

(97) この人が若者に願っていることとして
　　　正しいものはどれですか。

　　(A) 時代の問題点より自分の将来につい
　　　　て考えてほしい。
　　(B) 何でも簡単に諦めないで最後まで最
　　　　善を尽くしてほしい。
　　(C) 社会問題より今自分が関心を持って
　　　　いることに集中してほしい。
　　(D) 今起こっている政治問題に関心を持
　　　　ち、もっと積極的に関わってほしい。

(98) この人は何に驚きましたか。

  (A) ラジオ番組製作の難しさ

  (B) ラジオに紹介された内容の面白さ

  (C) 少年時代の問題行動を克服した感動
　　　的な話

  (D) ラジオに紹介された青少年の非行を
　　　助長させるような話

(99) この人が心配だと言っていることは何
　　　ですか。

  (A) 子供たちが夢を諦めて成長していく
　　　こと

  (B) 子供たちが自分の間違いを自分で修
　　　正すること

  (C) 子供たちが大人のアドバイスに耳を
　　　傾けないこと

  (D) 子供たちが悪いことをやってもいい
　　　という安易な気持ちを持ってしまう
　　　こと

(100) この人の考えと合っているものはどれ
　　　ですか。

  (A) 良識のある番組作りに努めてほしい。

  (B) いつまでも夢を諦めないで挑戦し
　　　続けてほしい。

  (C) 子供がタレントの言動を真似るの
　　　は仕方がない。

  (D) 今のラジオ番組は色々と役に立つ
　　　から、よく聞いてほしい。

これで聞き取りの問題は終わります。

それでは、次の質問101番から質問200番までの問題に答えなさい。

答案用紙に書き込む要領は聞き取りの場合と同じです。

Ⅴ. 下の＿＿＿＿＿線の言葉の正しい表現、または同じ意味のはたらきをしている
　言葉を(A)から(D)の中で一つ選びなさい。

(101) この川は危ないから、泳がないでくさ
　　　だい。
　　　(A) あぶない
　　　(B) あんない
　　　(C) すくない
　　　(D) おさない

(102) 先生の講義は毎日録音してもう一度聞
　　　いている。
　　　(A) りょくおん
　　　(B) りくおん
　　　(C) らくおん
　　　(D) ろくおん

(103) その大統領は、明日来日するそうだ。
　　　(A) らいひ
　　　(B) らいび
　　　(C) らいじつ
　　　(D) らいにち

(104) 彼の合格を祈ったが、残念ながら落ち
　　　てしまった。
　　　(A) ねがった
　　　(B) いわった
　　　(C) いのった
　　　(D) おくった

(105) 休日なのに、あの繁華街は実に閑散と
　　　している。
　　　(A) かんさん
　　　(B) かんざん
　　　(C) がんさん
　　　(D) がんざん

(106) この店の店員は新人らしく、どこか動
　　　作がぎこちない。
　　　(A) どうさ
　　　(B) どうさく
　　　(C) とうさ
　　　(D) とうさく

(107) 民主主義で完全な平等というのはあり
　　　得ない。
　　　(A) へいとう
　　　(B) へいどう
　　　(C) びょうとう
　　　(D) びょうどう

(108) 朝寝坊をしてしまったが、かろうじて
　　　電車の時間に間に合った。
　　　(A) 宰うじて
　　　(B) 幸うじて
　　　(C) 辛うじて
　　　(D) 倖うじて

(109) 中村さんの故郷は今回の水害で大きな
　　　被害をこうむった。
　　　(A) 被った
　　　(B) 償った
　　　(C) 黙った
　　　(D) 賄った

(110) 大学院の講師の仕事をあっせんしてく
　　　れたのは彼です。
　　　(A) 斡旋
　　　(B) 周旋
　　　(C) 独占
　　　(D) 推薦

(111) 教科書は鈴木さんから<u>お借りしました</u>。

    (A) 貸してあげました

    (B) 貸していただきました

    (C) 借りてくれました

    (D) 借りていただきました

(112) 来年日本に<u>旅行できるように</u>、お金を貯めている。

    (A) 旅行するために

    (B) 旅行と同時に

    (C) 旅行のように

    (D) 旅行はさておいて

(113) 夜が明けない<u>うちに</u>、さっさと終えましょう。

    (A) 明ける前に

    (B) 明けてもいいから

    (C) 明けた方がいいから

    (D) 明けるかどうかわからないが

(114) 授業中に大声を出した<u>ばかりに</u>、先生に注意されてしまった。

    (A) せいで

    (B) とはいえ

    (C) としても

    (D) にしろ

(115) 彼は情報収集に<u>限って</u>、右に出る者がない。

    (A) によって

    (B) をおいて

    (C) に関して

    (D) のみならず

(116) 彼は仕事をする<u>かたわら</u>、ボランティア活動もしている。

    (A) 一方で

    (B) ついでに

    (C) あげく

    (D) ところで

(117) 明日から試験なので、今勉強をしている<u>ところ</u>です。

    (A) ゆっくり休める<u>ところ</u>をどこか知っていますか。

    (B) 彼に私の<u>ところ</u>に来るようにと伝えてください。

    (C) 泣いている<u>ところ</u>を彼に見られて恥ずかしかった。

    (D) 間違った<u>ところ</u>がないかもう一度検討してください。

(118) 来週から徐々に寒く<u>なります</u>よ。

    (A) もうすぐ12時に<u>なります</u>。

    (B) 全部で1,000円に<u>なります</u>。

    (C) この時計は毎朝6時に<u>なります</u>。

    (D) 商品のお届けは明日に<u>なります</u>。

(119) 弁当の<u>あまり</u>を犬にやった。

    (A) <u>あまり</u>働きすぎると体によくない。

    (B) 当時のみにくさは想像に<u>あまり</u>ある。

    (C) 正直に言って肉は<u>あまり</u>好きではない。

    (D) 驚いた<u>あまり</u>、大きな声を出してしまった。

(120) 中村君にアルバイトの<u>口</u>を紹介してあげた。

    (A) <u>口</u>を大きく開けてみてください。

    (B) どうですか。お<u>口</u>に合いますか。

    (C) 彼はもう少し<u>口</u>を慎んだ方がいい。

    (D) 彼は卒業して格好な<u>口</u>を探しているという。

VI. 下の＿＿＿＿＿線の(A)、(B)、(C)、(D)の言葉の中で正しくない言葉を一つ選び
　　なさい。

(121) 昨日は久しぶりに友達に会って、色々な話をみました。
　　　　　　　　(A)　　　　　　　(B)　　　　　(C)　　　(D)

(122) この写真は旅行をする時、友達と撮った私にとってはとても大切な写真です。
　　　　　　　　　　　(A)　　　　(B)　　　　(C)　　　　　　　(D)

(123) 私は毎朝朝食を食べて、歯を洗って、新聞を読んでから家を出ています。
　　　　　　(A)　　　　(B)　　　(C)　　　　(D)

(124)　大きな テブルの上に美味しそうなケーキが置いてあります。
　　　　(A)　　(B)　　　　　　　(C)　　　　　　(D)

(125) 彼女も行きたいと言っていましたから、ひょっとすると今日のパーティーに
　　　　　　(A)　　　　　　　　　　(B)　　　　(C)

　　来るかもしりません。
　　　　　　(D)

(126) いつもより早めに家を出た。ところでなかなかバスが来なくて遅刻してしまった。
　　　　　　　　(A)　　　　　　(B)　　　(C)　　　(D)

(127) 急にお腹が痛くなって病院に行ったら、入院したようにと言われた。
　　　(A)　　　(B)　　　　　　　　　(C)　　　　　(D)

(128) 一年前から水泳教室を通っていますが、まだまだ上手だとは言えません。
　　　　　　(A)　　　(B)　　　　　　　　　(C)　　　(D)

(129) 朝からからりと晴れて本当にいい天気から、今日はピクニックでも
　　　(A)　(B)　　　　　　　　　(C)

　　行きましょうか。
　　　　(D)

(130) 口コミで飛ぶように売れたこの商品は特に若い人の間で人気がいます。
　　　(A)　　(B)　　　　　　　　　　　　　(C)　　(D)

(131) 建物の入り口を示す矢印が壁に描いています。
 　　　 (A)　　　　　 (B)　　　 (C)　　　　　 (D)

(132) 昨日のパーティーに行けなかったことは急用ができてしまったからです。
 　　　 (A)　　　　　　　　　　　　 (B)　　 (C)　　　　　　　　 (D)

(133) わざわざのいい機会だから、これからの自分の人生に役に立つように有効に使いたい。
 　　　 (A)　　　　　　　　　 (B)　　　　　 (C)　　 (D)

(134) 警官が角を曲がった車を尋ねて、「免許証を拝見します」と言った。
 　　　 (A)　 (B)　　 (C)　　　　　 (D)

(135) 信号が青に変わると、大勢の人が一斉に横断車道を渡ります。
 　　　　 (A)　　　 (B)　　　 (C)　　 (D)

(136) ご注文の機械は航空便と船便とどちらで送ったがよろしいですか。
 　　　 (A)　　　　　　　　 (B)　 (C)　　 (D)

(137) 当日は雨の可能性もあるので、念のため雨具をご持参してください。
 　　　 (A)　　　　　 (B)　 (C)　　　　 (D)

(138) 今の年金制度が矛盾まみれであることはみんな承知しているが、これといった
 　　　　　　　 (A)　　　　　　　 (B)　　　　　 (C)
改善策は未だに出ていない。
 　　　 (D)

(139) 彼女は会社の同僚はもちろんのもの、初めて会う人ともすぐ親しくなれるとても
 　　　　　　　　 (A)　　 (B)　　 (C)
社交的な人である。
 (D)

(140) 組合は勤務時間の短縮や福祉施設の拡充などの勤務条件の改良を求めたが、
 　　　　　　　　　　 (A)　　　　　　　 (B)　 (C)
会社側からはしぶい返事が返ってきた。
 　　　 (D)

VII. 下の＿＿＿＿＿＿線に入る適当な言葉を(A)から(D)の中で一つ選びなさい。

(141) 彼は東京の高級住宅街＿＿＿＿＿住んでいます。

    (A) に

    (B) で

    (C) を

    (D) の

(142) 公衆電話ならあそこ＿＿＿＿＿あります。

    (A) に

    (B) で

    (C) から

    (D) まで

(143) その話なら私ももう＿＿＿＿＿。

    (A) 知ります

    (B) 知っています

    (C) 知りません

    (D) 知っていません

(144) 昨日は宿題のため、2時間＿＿＿＿＿寝ませんでした。

    (A) しか

    (B) だけ

    (C) ごろ

    (D) まで

(145) 今、窓の外から変な音＿＿＿＿＿しませんでしたか。

    (A) に

    (B) へ

    (C) と

    (D) が

(146) 部屋のドアが開けて＿＿＿＿＿。

    (A) います

    (B) あります

    (C) きます

    (D) します

(147) 昨日は疲れた＿＿＿＿＿＿＿、テレビも見ないですぐ寝ました。

    (A) のに

    (B) ので

    (C) のは

    (D) のを

(148) 彼は車を＿＿＿＿＿＿＿も持っているそうです。

    (A) 3台

    (B) 3冊

    (C) 3枚

    (D) 3本

(149) 朝から雨が降ったので、傘を＿＿＿＿＿＿＿学校に行きました。

    (A) さして

    (B) きって

    (C) とって

    (D) ぬいて

(150) 本の内容が難しすぎて＿＿＿＿＿＿＿理解できなかった。

    (A) かねて

    (B) ちっとも

    (C) なるべく

    (D) めったに

(151) ＿＿＿＿＿＿＿のために、毎朝公園で運動をしています。

    (A) げんき

    (B) けんこう

    (C) きぶん

    (D) うんてん

(152) スキー場で転んで骨を＿＿＿＿＿＿＿しまった。

    (A) でて

    (B) おって

    (C) かいて

    (D) まいて

(153) もう駄目だと自分でも知りながら、なかなか諦めが＿＿＿＿＿＿＿。

(A) いかない

(B) おかない

(C) もたない

(D) つかない

(154) 書類は明日こちらに直接持って来るか、＿＿＿＿＿＿＿この住所まで郵送してください。

(A) ちなみに

(B) しかも

(C) つまり

(D) あるいは

(155) ＿＿＿＿＿＿＿彼が試験に落ちるとは、想像すらできなかった。

(A) まさか

(B) さぞかし

(C) ようやく

(D) 一概に

(156) 試合後、興奮した両チームの観客は殴り合いになり＿＿＿＿＿＿＿険しい雰囲気だった。

(A) やすい

(B) がたい

(C) かねる

(D) かねない

(157) 時間があまりないから、＿＿＿＿＿＿＿言わないで、はっきり要点だけ言ってほしい。

(A) くどくど

(B) じめじめ

(C) くたくた

(D) ぴりぴり

(158) 彼女は誰に対しても＿＿＿＿＿＿＿応対してくれるので、みんなに人気がある。

(A) なめらかに

(B) すこやかに

(C) にこやかに

(D) ゆるやかに

(159) 現状から見て今度の件は、思った以上に＿＿＿＿＿＿な仕事になりそうだ。

    (A) 要領
    (B) 厄介
    (C) 感心
    (D) 平均

(160) 長かった試験が今日ようやく終わり、胸が＿＿＿＿＿＿した。

    (A) もっと
    (B) どっと
    (C) すっと
    (D) しんと

(161) 酔っ払った人が＿＿＿＿＿＿で歩いている。

    (A) 大股
    (B) 忍び足
    (C) 摺り足
    (D) 千鳥足

(162) 彼の話は＿＿＿＿＿＿話だと思われがちですが、信じてはいけませんよ。

    (A) すばしこい
    (B) みぐるしい
    (C) はなばなしい
    (D) もっともらしい

(163) このような賞までいただけるとは、誠に光栄＿＿＿＿＿＿至りでございます。

    (A) の
    (B) に
    (C) と
    (D) こそ

(164) 先生、お風邪を＿＿＿＿＿＿とお聞きしましたが、お体の方はいかがですか。

    (A) 召した
    (B) なさった
    (C) くださった
    (D) おっしゃった

(165) 必要なことがございましたら、＿＿＿＿＿＿おっしゃってください。

    (A) たかが

    (B) いくぶん

    (C) 何なりと

    (D) せっせと

(166) お葬式には先生の死を＿＿＿＿＿＿大勢の人々が集まった。

    (A) 募る

    (B) 尊ぶ

    (C) 悼む

    (D) 賄う

(167) 今日の午後、大型の台風が上陸するそうだから、出発は明日に＿＿＿＿＿＿ことにした。

    (A) 見合う

    (B) 見合わせる

    (C) 見下ろす

    (D) 見届ける

(168) お酒を注ぐ時は、＿＿＿＿＿＿ゆっくり注いでください。

    (A) あまさないように

    (B) かわかないように

    (C) こぼさないように

    (D) こわさないように

(169) 彼の学者＿＿＿＿＿＿態度は、全く見るにたえない。

    (A) びる

    (B) びた

    (C) ぶり

    (D) ぶった

(170) あの二人、愛が深まってそろそろ結婚の＿＿＿＿＿＿ですね。

    (A) 潮時

    (B) 糸口

    (C) 天の邪鬼

    (D) 関の山

VIII. 下の文を読んで、後の問いにもっとも適した答えを(A)から(D)の中で一つ選び
　　なさい。

(171～174)

> 　私はかわいい猫を一匹飼っている。5年前に娘が拾ってきた。私も妻も犬は飼ったこと
> があったが、猫は初めてで、①どう育てて良いのか分からなかった。まあ、同じ哺乳類
> だからと、今まで犬のような扱いで育ててしまった。そんなこともあり、我が家の猫は
> 餌を食べる前には餌鉢の前で「おすわり」をする。そして迎えた2年前の夏。いつものよ
> うに「おすわり」をさせようとしたところ、②うまく座れない。脚の関節でも痛めたのか
> と、動物病院へ連れて行った。すると下された診断は「熱中症」とのことであった。まさ
> かこんな具合に「おすわり」が③________とは夢にも思わなかった。今年の夏は猛暑だが、
> 幸いなことに我が家の猫は、今日も餌鉢の前で「おすわり」を続けている。

(171) ①どう育てて良いのか分からなかったの理由として正しいものはどれですか。

　　(A) 犬とけんかすると思ったから
　　(B) 猫はあまり好きではないから
　　(C) 猫を飼ったことがなかったから
　　(D) 今まで娘に育てられてきたから

(172) ②うまく座れないの理由として正しいものはどれですか。

　　(A) 食欲があまりなかったから
　　(B) 脚の関節が悪くなったから
　　(C) 熱中症にかかっていたから
　　(D) 「おすわり」をするのが嫌になったから

(173) この人の猫が餌を食べる前には餌鉢の前で「おすわり」をする理由は何ですか。

　　(A) 早く餌が食べたいから
　　(B) 犬のような扱いで育てられたから
　　(C) そうした方が美味しく感じられるから
　　(D) いつも犬と一緒に餌を食べているから

(174) 本文の内容からみて、③________に入るもっとも適当な表現は何ですか。

　　(A) 役に立つ
　　(B) ひんしゅくを買う
　　(C) 注目を浴びる
　　(D) ピリオドを打つ

(175~178)

> 　毎日バスを利用していますが、小さなことで爽やかさを感じたり、不快になったり
> します。①後者は車内での携帯電話の使用です。中高年の方が多いように見受けられ
> ます。あと、込んでいるのに座席に荷物を置き、二人掛け用の座席を一人で占有して
> いる場合などです。どちらも②＿＿＿＿＿＿＿だと思います。
> 　さて、前者は高齢者や重い荷物を持っている人に席を譲ってあげる時です。また、
> バスを降りる際に「ありがとうございました」の声を聞いたりする時もそうです。特
> に、学生の元気な声は聞いていて心地よさを感じます。バスのありがたみを運転手さ
> んに伝える心は大切だと思います。運転手さんもお礼を返します。学生に負けず自分
> もお礼を言って降りた時は爽やかな気分になります。

(175) ①後者が指しているものは何ですか。

　　(A) 不快になること
　　(B) バスを利用すること
　　(C) バスの中が込むこと
　　(D) 爽やかさを感じること

(176) 本文の内容からみて、②＿＿＿＿＿＿＿に入るもっとも適当な表現は何ですか。

　　(A) 安全の問題
　　(B) 料金の問題
　　(C) マナーの問題
　　(D) バスの乗り方の問題

(177) この人が考えている爽やかさを感じる時ではないものはどれですか。

　　(A) 高齢者に席を譲ってあげる。
　　(B) 重い荷物を持っている人に席を譲ってあげる。
　　(C) バスを降りる時に運転手さんにあいさつをする。
　　(D) 疲れているように見える人に席を譲ってあげる。

(178) この人は何が大切だと言っていますか。

　　(A) バスの中で本を読むこと
　　(B) 車よりバスをよく利用すること
　　(C) 困った人を見たら助けてあげること
　　(D) バスのありがたみを運転手さんに伝える心

　先日、旅行でイタリア、ミラノを訪れた時、市内交通の①2日券を購入した。日本では、その日と翌日限りという意味での2日券だが、こちらでは、使用開始から48時間自由に使える。1日目は夕方5時スタート。レオナルド・ダビンチの「最後の晩餐」が描かれたサンタ・マリア・デッレ・グラーツィエ教会を訪ねる時のバスの往復に使った。2日目は、市内の行きたいところに気の向くまま赴いた。3日目は、郊外へ国鉄を使って日帰り観光をし、戻ってきた時間が5時前だったので、中央駅からホテルまでの地下鉄を期限内に利用できた。これを、日本でもやってくれたら良いのにと、いつも思う。午後から用事がある時、それだけで1日券を買うのは②＿＿＿＿＿と思うが、翌日の午前中も使えるとなれば話は別だ。利用者が広がり、経済的効果もあるのではないだろうか。

(179) ①2日券についての説明の中で、正しいものはどれですか。

 (A) 初日の午後から使える。

 (B) その日と翌日に限り使える。

 (C) 使用開始から48時間有効だ。

 (D) 2日間使用しないと払い戻しが可能である。

(180) この人がミラノで利用した交通機関の順番として正しいものはどれですか。

 (A) バス → 国鉄 → 地下鉄

 (B) バス → 地下鉄 → 国鉄

 (C) 国鉄 → バス → 地下鉄

 (D) 地下鉄 → バス → 国鉄

(181) 本文の内容からみて、②＿＿＿＿＿に入るもっとも適当な表現は何ですか。

 (A) 勿体ない

 (B) 安すぎる

 (C) 当たり前だ

 (D) 仕方がない

(182〜185)

　息子が3月にある国家資格を取得し、登録申請をした。厚生労働省から登録完了の葉書が届いたのだが、息子が書類に書いた異体字の姓の漢字が二重線で勝手に消され、旧字が書かれていた。問い合わせると、異体字はパソコンで出ないからそうしたと言ったそうだ。息子が間違いだと訴えると、もう一度書類を出さないと変えられないと言われたという。私は厚生労働省の対応に納得いかず、説明が聞きたいので連絡がほしいと書いた葉書を出した。しかし、何日経っても①＿＿＿＿＿＿＿だった。何度目かの電話でやっと繋がった。字を変えるなら事前に相談すべきだと強く主張すると、翌日には元の字に変えると連絡があった。こちらの主張が通ったものの、向こうの勝手な判断でこんなに苦労したことに本当に腹が立った。

(182) 厚生労働省が書類の姓の漢字を旧字に変えた理由は何ですか。

　　(A) 漢字が間違っていたから

　　(B) 異体字はパソコンで出ないから

　　(C) 今は使わない漢字で書かれていたから

　　(D) 書類が他の登録申請者と変えられていたから

(183) この人の息子さんの訴えに厚生労働省はどんなふうに対応しましたか。

　　(A) 間違いを認め、直ちに直すと言われた。

　　(B) 今すぐ判断できる問題ではないと言われた。

　　(C) 一度出した書類は二度と直せないと言われた。

　　(D) もう一度書類を出さないと変えられないと言われた。

(184) 本文の内容からみて、①＿＿＿＿＿＿に入るもっとも適当な表現は何ですか。

　　(A) 雀の涙

　　(B) 猫に小判

　　(C) 梨のつぶて

　　(D) 仏の顔も三度

(185) この人の葉書に厚生労働省はどんなふうに対応しましたか。

　　(A) すぐ連絡をしてこの人に謝った。

　　(B) 翌日には元の字に変えると言った。

　　(C) いくら電話をかけても電話に出なかった。

　　(D) もう直せないから、諦めた方がいいと言った。

> 　文通を通じて日本と中国の交流を図ってきた①「日中の会」が幕を閉じた。幹部が亡くなり、活動継続が難しくなったという。残念だが、これも時代の流れというものであろう。1979年に発足した会は、当時の中国ブームに乗って、多数の会員を迎え、国内各地に支部を設け、中国人と英語や日本語で文通する機会を提供してきた。
> 　②私の父は、戦前、北京に出稼ぎに行き、中国人家庭に下宿したり、その家の子らと遊んだりしたので、第二の故郷のように感じていた。それで、会の発足当初から会員となった。私もつられて入会した。実家には、中国から届いた異国情緒あふれるカレンダーや年賀状がたくさんあった。父亡き後、文通相手を数えると100人を超えていた。私の文通相手の中国人女性は、実は文通は苦手だと言い、メールでの交流を望んでいた。文通というスタイルは古くなってきたが、日中関係が悪化している今、こうした友好団体があったことを記憶にとどめてほしい。

(186) ①「日中の会」についての説明の中で、正しくないものはどれですか。

    (A) 日本各地に支部を設けていた。

    (B) 文通を通じて日本と中国の交流を図ってきた。

    (C) 1979年に発足したが、発足当初は会員が少なかった。

    (D) 幹部が亡くなって活動継続が難しくなったため、幕を閉じた。

(187) ②私の父についての説明の中で、正しくないものはどれですか。

    (A) 文通相手はそれほど多くなかった。

    (B) 中国を第二の故郷のように感じていた。

    (C) 「日中の会」発足当初から会員となった。

    (D) 北京に出稼ぎに行き、中国人家庭に下宿したことがある。

(188) この人の文通相手は何を望んでいますか。

    (A) この人に直接中国に来てほしいと望んでいた。

    (B) 文通のやりとりの回数を増やしてほしいと望んでいた。

    (C) 文通を止めてメールで交流してほしいと望んでいた。

    (D) このまま文通を通した交流を続けてほしいと望んでいた。

(189) この人は「日中の会」の活動をどんなふうに評価していますか。

    (A) もっと早く止めるべきだった。

    (B) 日中交流の懸け橋となった。

    (C) 日中の交流にはあまり役立たなかった。

    (D) 日中の関係を悪化させるきっかけとなった。

(190～192)

　政府の発表によると、また地方公務員の賃金が下がるそうだ。不況のあおりを受けて過熱した公務員バッシングは世論もよしとしているが、正当と言えるのか。減給の理由の一つは、労働に見合っていない不当な賃金だという。私は公務員全体の勤務態度を熟知していないが、いつもお世話になっている教員については、教育に対する熱意は確かなものだと断言できる。授業に限らず書類の作成など①＿＿＿＿＿＿＿。また、新たな経済政策が進行中だが、内部保留優先の企業の体質を変え、賃上げを経済界に要請したという。その中で公務員の賃金が下げられるのは一貫性がないように思える。私は将棋を指すが、棋士は、局面が混沌とした際には、指し手の一貫性を重要視する。世界的不況に見舞われる中、何とか現況を打破しようともがき、正解を導き出そうとしている日本経済でも同じことが言えるのではないだろうか。

(190) 政府が地方公務員の賃金を下げる理由は何ですか。

　　(A) 年金の財源がもうすぐ枯渇しそうだから

　　(B) 福利厚生施設を過度に利用しているから

　　(C) 労働に見合っていない賃金をもらっているから

　　(D) 少子高齢化によって地域環境が変化したから

(191) 本文の内容からみて、①＿＿＿＿＿＿に入るもっとも適当な表現は何ですか。

　　(A) 一般人にはよく知られていない

　　(B) 民間と比べても勝るとも劣らない

　　(C) 民間と比べては劣っていると言える

　　(D) 形式的に作成している場合が多い

(192) この人は地方公務員の賃金を下げることについてどう思っていますか。

　　(A) 一貫性がなく、正当ではない。

　　(B) 今の段階では何とも言えない。

　　(C) 当然のことで早く施行すべきだ。

　　(D) 納得はできないが、仕方がない。

(193〜196)

　人はある年齢になると、老後をいかに豊かに暮らすかを考えるようになる。私もそんな年齢が近付いてきた。私の年金は65歳から月額約15万円らしい。15万円あれば一人の生活には問題なく、孫たちにも少しは小遣いをあげられるだろう。しかし、当てが外れたら生活は困難になる。そのためにできることを考え、今資格取得に努めている。

　見方を変えてみる。私が15万円もらえるとしたら、それは何人の若者におんぶをすることになるのだろうか。その若者たちは非正規雇用か、正社員でも賃金は安いのではないか。若者を苦しめてまで私は老後を生きていくのか。私は親からことあるごとに仕送りしてもらって育った。しかし、私は愛する息子に①同じことはできない。であれば、息子を含む若者たちに迷惑をかけないような選択も考えなければならないのかもしれない。豊かな老後など考えられない。そういう日本になってしまったのだと、②＿＿＿＿＿感じる。

(193) この人は将来、自分がもらうことになる年金についてどう思っていますか。

　　(A) 十分かどうかまだよくわからない。

　　(B) 一人暮らしするにも不十分きわまりない。

　　(C) 一人暮らしは何とかできるが、孫たちに小遣いはあげられない。

　　(D) 一人暮らしするには十分で、孫たちに少しは小遣いもあげられる。

(194) この人はどうして資格取得に努めていますか。

　　(A) もともと資格を取るのが趣味だったから

　　(B) 年金をもっと有益なところに使いたいから

　　(C) 資格は種類に関係なく、ないよりある方がましだと思ったから

　　(D) 年金の予想が外れたら生活が困難になるかもしれないから

(195) ①同じことが指していることは何ですか。

　　(A) 若者たちに迷惑をかけてまで年金をもらうこと

　　(B) 何かあるたびに親から金銭的援助を受けること

　　(C) 年金をもらう年になるまで安い給料で生活すること

　　(D) 息子さんが自分と同じ水準の年金をもらえるようにすること

(196) 本文の内容からみて、②＿＿＿＿＿に入るもっとも適当な言葉は何ですか。

　　(A) びしびし

　　(B) しみじみ

　　(C) からから

　　(D) へらへら

(197〜200)

> 　物作りの「技」は、ITの導入でアナログからデジタルへと大きく変化した。その結果、訓練と鍛練によって支えられてきた職人的アナログ技術は、データに置き換えられ、昔より技術移転が簡単になった。また、ネットビジネスの台頭で家電製品やホテルの予約など、様々なものがネットで販売され、確実に売り上げを伸ばしている。①＿＿＿＿＿、世界的金融危機や消費低迷のため、地方都市では商店街から様々な小売店が消えた。百貨店もリニューアルで工夫を凝らしているが、思うような集客はできていない。
> 　猛烈なグローバル化も進んでいる。技術革新や産業構造の変化が、いとも簡単に国境を越えて広がり、変化に取り残された企業は瞬く間に時代遅れになってしまう。変化に乗る企業はやはり、国境を越え、他国へと拠点を移す。「企業の国際化」は、現実には利益と資産、人材と技術の海外移転であり、雇用と納税も海外へ移る。このような空洞化を、なすがままに許していて良いのか。人も企業も集まらなくては国の繁栄はない。企業が国にとどまるような為替対策と税制の改革だけでもまずは必要なのではないだろうか。

(197) 物作りのデジタル化で起こされる変化として正しいものはどれですか。

    (A) 職業の数が減った。

    (B) ものの値段が高くなった。

    (C) 技術伝授が跡絶えてしまった。

    (D) 以前より技術移転が簡単になった。

(198) 本文の内容からみて、①＿＿＿＿＿に入るもっとも適当な言葉は何ですか。

    (A) 一方で

    (B) すなわち

    (C) ちなみに

    (D) よりによって

(199) 地方都市の現状についての説明の中で、正しいものはどれですか。

    (A) 百貨店に人々が殺到している。

    (B) 消費低迷で小売店がなくなっている。

    (C) 様々な形の小売店が徐々に増えている。

    (D) 百貨店の売り上げは横這いの状態を維持している。

(200) この人は企業の国際化についてどう思っていますか。

    (A) 商品価格の多様化が期待される。

    (B) 商品の質の低下をもたらすから、望ましくない。

    (C) 企業が自国にとどまるような様々な対策を講じる必要がある。

    (D) 人材や技術などの海外移転は、結局は自国に利益をもたらす。

JPT 日本語能力試験

JAPANESE PROFICIENCY TEST

실전 모의고사

次の質問1番から質問100番までは聞き取りの問題です。

どの問題も一回しか言いませんから、よく聞いて答えを(A), (B), (C), (D)の中から一つ選びな

さい。答えを選んだら、それにあたる答案用紙の記号を黒くぬりつぶしなさい。

I. 次の写真を見て、その内容に合っている表現を(A)から(D)の中で一つ選びなさい。

(例)

(A) ここは銀行です。

(B) ここは郵便局です。

(C) ここは病院です。

(D) ここは図書館です。

答　(A) (●) (C) (D)

(1)

(2)

次のページに続く

(3)

(4)

(5)

らーめん工房
りょう花
RAMEN RYOKA
黄金比率を求めた
丸鶏スープ
ラーメン
営業中
お子様も大歓迎
お座敷あります。

(6)

次のページに続く

(7)

(8)

(9)

(10)

次のページに続く

(11)

(12)

(13)

(14)

次のページに続く

(15)

(16)

(17)

(18)

次のページに続く

(19)

(20)

II. 次の言葉の返事として、もっとも適したものを(A)から(D)の中で一つ選びなさい。

（例）明日は何をしますか。

    (A) 公園に行きました。
    (B) 金曜日です。
    (C) 運動をしました。
    (D) 友達の家に遊びに行きます。

(21) 答えを答案用紙に書き入れなさい。

(22) 答えを答案用紙に書き入れなさい。

(23) 答えを答案用紙に書き入れなさい。

(24) 答えを答案用紙に書き入れなさい。

(25) 答えを答案用紙に書き入れなさい。

(26) 答えを答案用紙に書き入れなさい。

(27) 答えを答案用紙に書き入れなさい。

(28) 答えを答案用紙に書き入れなさい。

(29) 答えを答案用紙に書き入れなさい。

(30) 答えを答案用紙に書き入れなさい。

(31) 答えを答案用紙に書き入れなさい。

(32) 答えを答案用紙に書き入れなさい。

(33) 答えを答案用紙に書き入れなさい。

(34) 答えを答案用紙に書き入れなさい。

(35) 答えを答案用紙に書き入れなさい。

(36) 答えを答案用紙に書き入れなさい。

(37) 答えを答案用紙に書き入れなさい。

(38) 答えを答案用紙に書き入れなさい。

(39) 答えを答案用紙に書き入れなさい。

(40) 答えを答案用紙に書き入れなさい。

(41) 答えを答案用紙に書き入れなさい。

(42) 答えを答案用紙に書き入れなさい。

(43) 答えを答案用紙に書き入れなさい。

(44) 答えを答案用紙に書き入れなさい。

(45) 答えを答案用紙に書き入れなさい。

(46) 答えを答案用紙に書き入れなさい。

(47) 答えを答案用紙に書き入れなさい。

(48) 答えを答案用紙に書き入れなさい。

(49) 答えを答案用紙に書き入れなさい。

(50) 答えを答案用紙に書き入れなさい。

次のページに続く

III. 次の会話をよく聞いて、後の問いにもっとも適したものを(A)から(D)の中で一つ選びなさい。

(例) 女：昨日、友達の家に行きました。

男：何をしましたか。

女：音楽を聞いたり話したりしました。

男：そうですか。私は昨日家でテレビを見ました。

男の人は昨日何をしましたか。

(A) 音楽を聞いた。

(B) 友達と話した。

(C) 家でテレビを見た。

(D) 勉強をした。

(51) 女の人のかばんは何色ですか。

    (A) 赤色

    (B) 白色

    (C) 青色

    (D) 黒色

(52) 女の人はどんな音楽が一番好きですか。

    (A) ロック

    (B) ジャズ

    (C) ポップス

    (D) クラシック

(53) 今はどんな天気ですか。

    (A) 雨

    (B) 雪

    (C) 晴れ

    (D) 曇り

(54) 女の人は何枚コピーをしますか。

    (A) 20枚

    (B) 22枚

    (C) 24枚

    (D) 26枚

(55) 男の人はどうして旅行に行けませんか。

    (A) 仕事が忙しいから

    (B) お母さんが病気だから

    (C) 約束が重なってしまったから

    (D) 自分の体の具合がよくないから

(56) 女の人はいつ行けばいいですか。

    (A) 今日の7時

    (B) 明日の6時

    (C) 明後日の5時半

    (D) 明後日の6時

(57) 女の人はこれからどうしますか。

   (A) 報告書ができたら、すぐ部長に提出する。

   (B) 報告書ができたら、すぐ課長に提出する。

   (C) 報告書ができたら、すぐ男の人に渡す。

   (D) 報告書ができたら、ざっと読んでみる。

(58) 二人の会話の内容と合っているものはどれですか。

   (A) 男の人は昨夜ぐっすり寝た。

   (B) 男の人の子供は昨夜熱を出した。

   (C) 男の人と奥さんは昨夜子供のため大変だった。

   (D) 男の人と奥さんは昨夜子供のためずっと泣いた。

(59) 課長についての説明の中で、正しいものはどれですか。

   (A) 前の課長は厳しかったが、新しい課長は優しい。

   (B) 前の課長も新しい課長も思いやりがない。

   (C) 前の課長も新しい課長も仕事に雑なところがある。

   (D) 前の課長はきちんと仕事ができたが、新しい課長はそうではない。

(60) 二人の会話の内容と合っているものはどれですか。

   (A) 女の人は週末にだけ時間があるそうだ。

   (B) 女の人は平日ならいつでも時間があるそうだ。

   (C) 女の人は水曜日と金曜日の午後だけ時間があるそうだ。

   (D) 女の人は水曜日と金曜日以外の午後は時間があるそうだ。

(61) 男の人が注文した品物がまだ届いていない理由は何ですか。

   (A) 生産が注文に追い付かないから

   (B) 配送住所を間違えて書いたから

   (C) 配送する品物が多くて時間がかかるから

   (D) 配送した品物が全部返送されてしまったから

(62) 女の人は男の人の絵をどう思っていますか。

   (A) 人並みだ。

   (B) プロにしてはあまりうまくない。

   (C) プロだけあって、本当にうまい。

   (D) もうプロとみなしてもいいほどだ。

(63) 男の人の考えとして正しいものはどれですか。

   (A) この辺はいつも混雑しているから通りたくない。

   (B) この辺は交通整理をきちんとするべきだ。

   (C) この辺の渋滞は大衆交通を利用しても解決できない。

   (D) この辺は乗用車通勤が多いから、現段階ではこれといった解決策がない。

(64) 最近、女の人はどうですか。

   (A) 仕事が手に付かない。

   (B) 思った通りに仕事がはかどっている。

   (C) 今の仕事にやり甲斐を感じている。

   (D) 業務テストをきっかけに仕事に自信ができた。

次のページに続く →

(65) 女の人はこれから洗濯物をどうしよう
と思っていますか。

    (A) いつものところに持って行こうと思って
いる。

    (B) 自宅で洗濯しようと思っている。

    (C) 遠くても安いところまで持って行こ
うと思っている。

    (D) 高くてもきれいに洗濯できるところ
に持って行こうと思っている。

(66) 二人の会話の内容と合っていないもの
はどれですか。

    (A) 男の人の娘さんは今大学4年生である。

    (B) 女の人の会社の仕事はあまり忙しく
ないそうだ。

    (C) 男の人の娘さんは女の人の会社に興
味を持っている。

    (D) 女の人は男の人の娘さんに連絡先を
教えてもかまわないと思っている。

(67) 男の人はどうしますか。

    (A) 午前の会議をキャンセルする。

    (B) 午後の出版記念パーティーに出席し
ない。

    (C) 雑誌のインタビューの時間を遅らせる。

    (D) 会議の後、時間を見つけて病院に
行ってくる。

(68) 二人はどうすることにしましたか。

    (A) 株を買うことにした。

    (B) 貯金することにした。

    (C) ローンを組むことにした。

    (D) ローンを返済することにした。

(69) 二人の会話からみて、女の人の性格と
して正しいものはどれですか。

    (A) 明朗で親しみやすい性格

    (B) 人の忠告を全く聞かない性格

    (C) 自己主張がすごく強い性格

    (D) 人の話に左右されやすい性格

(70) 鈴木さんについての説明の中で、正し
くないものはどれですか。

    (A) 最近、ちょっと痩せた。

    (B) 最近、仕事にやる気満々である。

    (C) 前とは気持ちの持ち方が変わったよ
うだ。

    (D) 病気にかかったのを契機にダイエット
を始めた。

(71) 二人の会話の内容と合っているものは
どれですか。

    (A) 二人のお母さんは悪徳商法に騙され
たようだ。

    (B) 二人のお母さんは悪徳業者にお金を
全然取られずに済んだ。

    (C) 津波速報の受信機は今年から設置が
義務付けられた。

    (D) 二人は津波速報の受信機を早く設置
すべきだと思っている。

(72) 男の人は映画についてどう思っていま
すか。

    (A) キャラクターに個性がなかった。

    (B) アクションシーンが少なかった。

    (C) 印象的な台詞が少なかった。

    (D) 見ている途中、結末が推測できた。

(73) プリントがしたい時の暗証番号は何番
ですか。

    (A) 13

    (B) 22

    (C) 34

    (D) 44

(74) 二人が話している会社が倒産した理由
は何ですか。

    (A) 売り上げが落ち込んでいたから

    (B) 無理な事業拡大をしたから

    (C) 業界全体が不景気だったから

    (D) 新製品の開発に失敗したから

(75) 二人の会話の内容と合っていないもの
はどれですか。

  (A) 二人が行った店は存分に食べてもい
     いところだ。

  (B) 二人が行った店は料理がとても美味
     しいところだ。

  (C) 男の人は人目を気にせず食べようと
     思っている。

  (D) 女の人は大食いするのはちょっと下
     品だと思っている。

(76) 二人の会話の内容と合っていないもの
はどれですか。

  (A) 医師不足で病院がなくなる地域もあ
     るそうだ。

  (B) 最近、病院に対する世間の不満が高
     まっている。

  (C) 患者が医療サービスに十分に満足し
     ているとは言えない。

  (D) 病院の患者の受け入れ体制はちゃん
     と整っていると言える。

(77) 二人の会話の内容と合っているものは
どれですか。

  (A) 家事代行サービス業は若者にはあま
     り人気がない。

  (B) 最近、家事代行サービス業は業績が
     落ち込んでいる。

  (C) 最近、家事代行サービス業は裕福な
     暮らしをしている若い人の需要が伸
     びている。

  (D) 家事代行サービス業は今もゆとりのあ
     る高齢者の利用が圧倒的に多い。

(78) 女の人の考えと合っているものはどれ
ですか。

  (A) 営業時間を延ばすのはとても効果が
     ある。

  (B) ポイントサービスは必ず実施するべ
     きだ。

  (C) 近くにできた大型店はあまり影響が
     ない。

  (D) 他の方法より料理の味の改善を優先
     すべきだ。

(79) 女の人についての説明の中で、正しく
ないものはどれですか。

  (A) プラモデルに対する偏見が根強いよ
     うだ。

  (B) 幼い時、プラモデルを作ってみたこ
     とがある。

  (C) 大人がプラモデルを作るのを情けな
     いと思っている。

  (D) プラモデルが芸術作品として扱われ
     ているのはおかしいと思っている。

(80) 二人の会話の内容と合っていないもの
はどれですか。

  (A) 女の人は今度の厚生労働省の措置に
     納得している。

  (B) 来年からは厚生年金の受給年齢や掛
     け金が引き上がるそうだ。

  (C) 男の人は厚生年金が破綻しそうになっ
     たのは政策の失敗だと思っている。

  (D) 男の人は厚生年金の受給年齢や掛け
     金の引き上げがやむを得ない措置だ
     と思っている。

次のページに続く →

IV. 次の文章をよく聞いて、後の問いにもっとも適したものを(A)から(D)の中で一つ
選びなさい。

（例）ご来店のお客様にお知らせを申し上げます。千代田区からお越しの鈴木様、鈴木
様、至急1階の案内デスクまでお越しくださいませ。続きまして、お客様のお呼び
出しを申し上げます。大阪からお越しの山田様、山田様、お連れ様がお待ちですの
で、2階の婦人服売り場までお越しください。

    (1) ここはどこですか。

        (A) デパート

        (B) 図書館

        (C) 病院

        (D) コンビニ

    (2) 山田さんはどうすればいいですか。

        (A) 自宅に電話する。

        (B) 2階に行く。

        (C) 鈴木さんに電話する。

        (D) 大阪に行く。

(81) この人がオーストラリアに行った理由は何ですか。

(A) オーストラリアでの仕事が決まったから

(B) オーストラリアの大学を体験したかったから

(C) オーストラリアの保育園を見学したかったから

(D) オーストラリアに住んでいる友人に会いたかったから

(82) この人はオーストラリアで何を学ぶことができましたか。

(A) 保育の違い

(B) 教育制度の違い

(C) 自然環境の違い

(D) 生活スタイルの違い

(83) オーストラリアの保育園についての説明の中で、正しくないものはどれですか。

(A) 時間の細かい区切りがない。

(B) クラスが年齢ごとに分かれている。

(C) 大きい子が小さい子の面倒を見る。

(D) 何をして遊ぶかは子供自身が決める。

(84) この人はオーストラリアの保育園で何に一番驚きましたか。

(A) 遊び道具が色々あること

(B) 小さい子供にナイフを持たせたこと

(C) 授業の時間がはっきりと決まっていること

(D) 子供たちが怒ったりけんかしたりしないこと

(85) この人が公衆電話をよく利用している理由は何ですか。

(A) 携帯電話を持っていないから
(B) 携帯電話より料金が安いから
(C) 学校で携帯電話の使用が禁止されているから
(D) 学校では携帯電話が繋がらない場合が多いから

(86) この人はどんな時に公衆電話を利用していますか。

(A) 友達と会う場所を決める時
(B) 携帯電話を家に忘れてきた時
(C) 学校へ戻らなければならない時
(D) 学校帰りに特別な用事がある時

(87) この人は壊れた公衆電話で何を痛感しましたか。

(A) 公衆電話の多さ
(B) 公衆電話の少なさ
(C) 公衆電話の便利さ
(D) 公衆電話の不便さ

(88) この人はどうして公衆電話は必要だと思っていますか。

(A) 携帯電話より料金がかなり安いから
(B) 最近の携帯電話はよく故障するから
(C) 携帯電話が使えない場所が多すぎるから
(D) 携帯電話を持っていない人にとっては利用価値があるから

(89) この人は就職活動を通じて何を感じましたか。

(A) 面接の難しさ
(B) 地方企業の少なさ
(C) 日本の交通費の高さ
(D) 親の存在に対するありがたみ

(90) この人が地方に面接に行く時、この人のお父さんはどうしましたか。

(A) 面接会場まで一緒に行ってくれた。
(B) 何も言わずに結果が出るまで待っていた。
(C) 交通費の入った封筒をこの人の机の上に置いておいた。
(D) 交通費のかかる地方企業の面接は受けなくてもいいと言った。

(91) この人が地方に面接に行く時、この人のお母さんはどうしましたか。

(A) 面接が終わるまで外で待っていた。
(B) 面接先の企業まで車で送ってくれた。
(C) 「頑張って」というメールを送ってくれた。
(D) 神社に行ってこの人の合格を祈っていた。

次のページに続く

(92) この人はどうして電気料金のお知らせ
を見て驚きましたか。

    (A) 予想した通りの電気料金が出たから
    (B) 電気料金が予想以上に高かったから
    (C) 電気料金が予想以上に安かったから
    (D) となりの家の請求書が自分の家に来
       たから

(93) この人は何を反省しましたか。

    (A) 今まで節電に努力しなかったこと
    (B) 電気料金請求額の内容に無関心だっ
       たこと
    (C) 燃料高なのに新しいストーブを買っ
       たこと
    (D) あまり寒くないのにずっと暖房をつけ
       けておいたこと

(94) この人は原発の再稼働についてどう思っ
ていますか。

    (A) 賛成している。
    (B) 反対している。
    (C) 場合によっては賛成できる。
    (D) 今の段階では何とも言えない。

(95) この人は教育改革の中に人物評価を重
視することが含まれているのは何のた
めだと思っていますか。

    (A) 学力偏重を避けるため
    (B) 優秀な人材を国が管理するため
    (C) 能力中心から学歴中心に変えるため
    (D) 恵まれていない人にも機会を与える
       ため

(96) この人は大学入試の学力についてどう
思っていますか。

    (A) 多少不公平であるのは否めない。
    (B) 受験生を評価する時のもっとも公平
       な基準である。
    (C) 何の意味もないから、一刻も早くな
       くすべきものである。
    (D) 将来、きっと役に立つからしっかり
       勉強しておくものである。

(97) この人は大学入試の廃止についてどう
思っていますか。

    (A) 到底納得できない。
    (B) すぐには判断できない。
    (C) 国の政策だから、従うしかない。
    (D) 正しい方向に行っていて非常に嬉しい。

(98) 「自動車運転死傷行為処罰法」の実施目的
は何ですか。

    (A) 死傷事故の厳罰化

    (B) 自動車消費の拡大

    (C) 免許証の所持の義務化

    (D) 自動車による税収入拡充

(99) この人が言っているカード化した運転
免許証に入っている情報ではないもの
はどれですか。

    (A) 車種と燃費

    (B) 免許の種類

    (C) 免許証の有効期限

    (D) 運転者の住所や氏名

(100) 無免許運転による死傷事故を防ぐため
に、この人が提案していることは何で
すか。

    (A) 運転免許試験をもっと易しくする
こと

    (B) 鍵さえあれば簡単に車を動かせる
ようにすること

    (C) 自動運転や追突防止など、車両を
改善すること

    (D) 車の鍵と運転免許証が揃った場合
にのみ車が動くようにすること

これで聞き取りの問題は終わります。

それでは、次の質問101番から質問200番までの問題に答えなさい。

答案用紙に書き込む要領は聞き取りの場合と同じです。

Ⅴ．下の＿＿＿＿＿＿線の言葉の正しい表現、または同じ意味のはたらきをしている
　　言葉を(A)から(D)の中で一つ選びなさい。

(101) 彼はその人の鋭い質問に慌てていた。

　　　(A) にぶい
　　　(B) ふかい
　　　(C) するどい
　　　(D) あたたかい

(102) このプログラムを設置すると、いつで
　　　も残高が確認できるという。

　　　(A) さんこう
　　　(B) ざんこう
　　　(C) さんだか
　　　(D) ざんだか

(103) 本日は時間を割いていただき、誠にあ
　　　りがとうございました。

　　　(A) まいて
　　　(B) かいて
　　　(C) さいて
　　　(D) ふいて

(104) この圧縮ファイル、どうやって開きま
　　　すか。

　　　(A) あっしゅく
　　　(B) あっしょく
　　　(C) あつじゅく
　　　(D) あつぞく

(105) 壁のペンキが剥がれていたので、もう
　　　一度ペンキを塗った。

　　　(A) あった
　　　(B) おった
　　　(C) ぬった
　　　(D) すった

(106) 今度の事件を巡る噂のほとんどは根も
　　　葉もない噂だった。

　　　(A) まわる
　　　(B) めぐる
　　　(C) くばる
　　　(D) さわる

(107) 年改まる和やかな朝は、いくつ歳を重
　　　ねてもありがたい。

　　　(A) おだやかな
　　　(B) なごやかな
　　　(C) ゆるやかな
　　　(D) すみやかな

(108) さんざん迷った挙げ句、山田君は家業
　　　をつぐ決心をした。

　　　(A) 注ぐ
　　　(B) 次ぐ
　　　(C) 継ぐ
　　　(D) 接ぐ

(109) 事故でもあったのか、遠くからきゅう
　　　きゅうしゃのサイレンが聞こえてくる。

　　　(A) 求急車
　　　(B) 救急車
　　　(C) 構急車
　　　(D) 究急車

(110) 久しぶりに同級生たちとテーブルをか
　　　こんで色々な話をした。

　　　(A) 囲んで
　　　(B) 姻んで
　　　(C) 困んで
　　　(D) 因んで

(111) 私には<u>息子</u>が一人います。

 (A) 男の子
 (B) 女の子
 (C) 両親
 (D) 孫

(112) その事故からもう10年が<u>経ちました</u>。

 (A) 過ぎました
 (B) 通りました
 (C) 渡しました
 (D) 待ちました

(113) この人形は<u>紙でできている</u>。

 (A) 紙の方がいい
 (B) 紙で作られる
 (C) 紙は要らない
 (D) 紙でも作れる

(114) びっくり<u>したあまり</u>、声もろくに出なかった。

 (A) しすぎて
 (B) して間もなく
 (C) することなしに
 (D) するといえども

(115) 日本の茶道は国内は<u>もちろん</u>、国外でも人気がある。

 (A) さておいて
 (B) 当然のことながら
 (C) 例外だが
 (D) 間違いなく

(116) 今回の新製品は棚に並べる<u>そばから</u>、売れてしまう。

 (A) と同時に
 (B) とはいえ
 (C) が最後
 (D) ものの

(117) 昨日の授業のノートの<u>うつし</u>、ちょっと貸してくれない?

 (A) 水に<u>うつし</u>た月の影がとても美しかった。
 (B) この小説は今の世相をよく<u>うつし</u>ている。
 (C) 彼女は湖周辺の情景をカンバスに<u>うつし</u>た。
 (D) ここはちょっとうるさいから、他の部屋に<u>うつし</u>ましょう。

(118) 2階から<u>どんどん</u>と足音が聞こえてきた。

 (A) <u>どんどん</u>お客が来て休む暇もない。
 (B) 早朝から門を<u>どんどん</u>と叩く音がした。
 (C) 朝から雪が<u>どんどん</u>降り積もっている。
 (D) 彼はどんな仕事でも<u>どんどん</u>と片付けるかなりのやり手である。

(119) 上半期の総売上は前年度を<u>割って</u>いた。

 (A) 10を2で<u>割る</u>と5になる。
 (B) うっかりお皿を落として<u>割って</u>しまった。
 (C) その案に賛成する人は過半数を<u>割って</u>いた。
 (D) 二人の仲を<u>割った</u>のは彼であることが明らかになった。

(120) 日本で市民の<u>足</u>と言えば、やはり電車である。

 (A) 妹は家に帰るとその<u>足</u>で渋谷へ行った。
 (B) 昨日からの大雪で<u>足</u>が奪われてしまった。
 (C) 近頃、景気が悪くて客<u>足</u>が跡絶えてしまった。
 (D) 昔はよく行ったが、最近は<u>足</u>が遠退いてしまった。

VI. 下の＿＿＿＿＿線の(A)、(B)、(C)、(D)の言葉の中で正しくない言葉を一つ選び
なさい。

(121) コーヒーは好きでよく飲みますが、紅茶も あまり飲みません。
　　　　　 (A)　　　　 (B)　　　　　　　 (C)　 (D)

(122) 床が汚くなるので、ここからはくつを履いて入ってください。
　　　　 (A)　　 (B)　　　　 (C)　　　　　 (D)

(123) 食事をした前には手を洗わなければ なりません。
　　　　　 (A)　 (B)　　　 (C)　　　　 (D)

(124) この小説は面白いなくてほとんど読みませんでした。
　　　 (A)　　　　 (B)　　　　 (C)　　 (D)

(125) 山に登り始めてから ずっと何も飲みません。
　　　 (A)　　 (B)　　　 (C)　　　 (D)

(126) その書類は私が片付けますから、そのままでしておいてもいいです。
　　 (A)　　　　 (B)　　　　　　　 (C)　　　　　 (D)

(127) どこか不便のところがあったら、遠慮せずに言ってください。
　　　 (A)　 (B)　　　　 (C)　　　 (D)

(128) この部屋も壁と床の汚れを落ちれば、けっこう きれいになると思います。
　　　　　　 (A)　　　　 (B)　　 (C)　　　 (D)

(129) この料理は冷めるやすいので、仕事はこの辺にして早速食べましょう。
　　　　　　 (A)　　　　　　　　 (B)　 (C)　　 (D)

(130) 社長がいらっしゃったら、お土産をやりたいので、私に知らせてくださいませんか。
　　　　 (A)　　　　　 (B)　 (C)　　　　 (D)

(131) お洒落にかばんが流行っているが、デザインや形全てが私の好みで、私も買いたい
　　　　　(A)　　　　　　　　　　(B)　　　　　　　　　　　　　　　　　　(C)

ものだ。
　(D)

(132) 朝、目を覚めると、隣の部屋からうるさい音がしました。
　　　　　(A)　　　　　　(B)　　　　　　　(C)　　　　　(D)

(133) たとえも子供であれ、自分のしたことはきちんと責任を持つべきです。
　　　(A)　　　　　　　　　　　　　(B)　　　(C)　　　　(D)

(134) その町は近代化に乗り越えていた、かえってのどかな風景が注目されている。
　　　　　　　　　　(A)　　　　　　　(B)　　(C)　　　　　　(D)

(135) もう子供じゃあるまいし、君も年にふさわしく言葉遣いを身に付けてほしい。
　　　(A)　　　　(B)　　　　　　　　(C)　　　　　　　　　　(D)

(136) 臨時バスは駅前のホテルに経由して海岸に沿って運行致します。
　　　(A)　　　　　　　(B)　　　　　　(C)　　(D)

(137) 体験ツアーの申請受付は、定員になり次第締め切りしていただきます。
　　　(A)　　　(B)　　　　　　　(C)　　　　(D)

(138) お金がたくさんあるからといって、いつも幸せだとは一挙に言えないだろう。
　　　　　(A)　　　　(B)　　　　　　　　　　　(C)　　(D)

(139) 今度は食べる放題コースのある店で同窓会をするのはどうでしょうか。
　　　　　(A)　　　　(B)　　　　　　　　　　(C)　　　(D)

(140) 今更経費節約に励んだところを、多額の借金があるため、不渡りを出すのは時間の
　　　　　　　　　(A)　　(B)　　(C)　　　　　　　　　　　　　　(D)
問題だろう。

VII. 下の＿＿＿＿＿線に入る適当な言葉を(A)から(D)の中で一つ選びなさい。

(141) 何かいいことでもあった＿＿＿＿、彼女は朝から笑っている。

    (A) のに

    (B) のと

    (C) のか

    (D) のも

(142) すみませんが、この部屋の大きさは＿＿＿＿ですか。

    (A) なに

    (B) どれ

    (C) どちら

    (D) どのぐらい

(143) 天気予報によると、来週から＿＿＿＿寒くなるそうです。

    (A) いくら

    (B) 全く

    (C) 段々

    (D) ちっとも

(144) 私は毎朝コーヒーを＿＿＿＿飲んでから出勤の準備をします。

    (A) 1台

    (B) 1枚

    (C) 1足

    (D) 1杯

(145) 鈴木君は字がとても＿＿＿＿書けます。

    (A) 上手

    (B) 上手で

    (C) 上手だ

    (D) 上手に

(146) ここからは遠すぎて彼女の顔がよく＿＿＿＿。

    (A) 見ない

    (B) 見せない

    (C) 見えない

    (D) 見させない

(147) 先生にあいさつをする時には帽子を＿＿＿＿＿＿＿。

    (A) 取りましょう

    (B) 閉めましょう

    (C) 履きましょう

    (D) 被りましょう

(148) 昨夜は遅くまで＿＿＿＿＿＿＿ので、朝からとても眠いです。

    (A) 寝ない

    (B) 起きた

    (C) 寝ていた

    (D) 起きていた

(149) ＿＿＿＿＿＿＿もうすぐ辞めるだろうと思っていたが、こんなに早く辞めるとは。

    (A) 何となく

    (B) いきなり

    (C) のきなみ

    (D) それとなく

(150) ＿＿＿＿＿＿＿事故になるところだったが、幸い事故は免れた。

    (A) 危うく

    (B) ついでに

    (C) なかなか

    (D) もう少しに

(151) 現在の状況は＿＿＿＿＿＿＿続きそうです。

    (A) いまにも

    (B) とうぶん

    (C) たちまち

    (D) ただちに

(152) 彼は上司に＿＿＿＿＿＿＿、突然やる気が出たようだ。

    (A) 叱り

    (B) 叱って

    (C) 叱られて

    (D) 叱らないで

(153) 昨日は大変疲れたと思いますが、＿＿＿＿＿眠れましたか。

    (A) ぐっすり

    (B) みっちり

    (C) すっかり

    (D) あっさり

(154) 気が進まなかったら、行かない＿＿＿＿＿がいいと思う。

    (A) ほう

    (B) とき

    (C) ころ

    (D) わけ

(155) 彼女の反応を見ると、まだ彼を疑っている＿＿＿＿＿違いない。

    (A) に

    (B) と

    (C) で

    (D) か

(156) これは本当に君だから＿＿＿＿＿できる方法だと思います。

    (A) こそ

    (B) より

    (C) さえ

    (D) だに

(157) 当時、私は仕事で忙しくて家内の気持ちを＿＿＿＿＿ことができなかった。

    (A) 臨む

    (B) 放す

    (C) 察する

    (D) 傾ける

(158) 彼は＿＿＿＿＿ばかりに、みんなから反感を買うこともある。

    (A) 優秀と

    (B) 優秀で

    (C) 優秀な

    (D) 優秀なのに

(159) 残念＿＿＿＿＿、今度のパーティーには参加できません。

    (A) には

    (B) とは

    (C) までも

    (D) ながら

(160) 受付に「鈴木」という方が＿＿＿＿＿、私に知らせてください。

    (A) 見えたら

    (B) 伺ったら

    (C) 拝見したら

    (D) おっしゃったら

(161) その話を聞いた山田君は＿＿＿＿＿困ったような顔をしていた。

    (A) さほど

    (B) みじんも

    (C) あたかも

    (D) おしなべて

(162) これで彼とも最後かなと＿＿＿＿＿つつ、握手をした。

    (A) 思い

    (B) 思う

    (C) 思った

    (D) 思ったり

(163) 先生のお宅に＿＿＿＿＿いただけるなんて、まるで夢のようだ。

    (A) お招き

    (B) 訪れて

    (C) 恐れ入って

    (D) かしこまって

(164) 彼は本当に気付いていないのか、＿＿＿＿＿気付いていないふりをしているのかよく
わからない。

    (A) そして

    (B) それと

    (C) あるいは

    (D) それから

(165) 観客はみんな彼女の演技に＿＿＿＿＿＿＿しまった。

    (A) 見とれて

    (B) 見始めて

    (C) 見落として

    (D) 見放されて

(166) 素敵な家などは要らない。ただ雨露さえ＿＿＿＿＿＿＿それで十分だ。

    (A) のぞければ

    (B) しのげれば

    (C) たよれば

    (D) またがれば

(167) 彼女に褒められると、いつも＿＿＿＿＿＿＿気持ちでいっぱいです。

    (A) めめしい

    (B) まぶしい

    (C) てれくさい

    (D) いぶかしい

(168) うちの息子ときたら、おもちゃを片付ける＿＿＿＿＿＿＿散らかしてしまう。

    (A) そばから

    (B) かたわら

    (C) こととて

    (D) だけに

(169) 私の努力が＿＿＿＿＿＿＿が報われまいが、もう君には関係ありません。

    (A) 報い

    (B) 報われる

    (C) 報われた

    (D) 報われよう

(170) 彼女は変な噂を聞くと誰かに話さずには＿＿＿＿＿＿＿たちだ。

    (A) すめない

    (B) おけない

    (C) とれない

    (D) いられない

VIII. 下の文を読んで、後の問いにもっとも適した答えを(A)から(D)の中で一つ選び
なさい。

(171〜174)

　去年まではやりたいと思うことがあっても、①実現できませんでした。人に誘われて
やることがほとんどだったからです。でも今年は中学生になるので、今年からは自分の
意志を強く持って、いろんなことに挑戦したいと思っています。一つ目のやりたいこと
はテニスです。中学に入ったらテニス部に入りたいと思っています。前からテニスをし
ている人を見て、「楽しそうだな」と思ったからです。二つ目はダンスです。私は踊るの
が好きで、特にヒップポップに興味があります。三つ目はそろばんです。そろばんをや
ると、暗算がとても速くなります。でも少し前に止めてしまいました。止めてみて、そ
ろばんの楽しさが分かってきました。だから、もう一度習いたいと思います。私にはま
だ将来の夢がありません。だから、今年はいろんなことに挑戦しながら夢を見つけたい
と思います。

(171) ①実現できませんでしたの理由として正しいものはどれですか。
　　　(A) 勉強に集中したかったから
　　　(B) 時間をうまく使えなかったから
　　　(C) 何でもすぐ嫌になる性格だったから
　　　(D) 人に誘われてやることがほとんどだったから

(172) この人がテニスをしたいと思った理由は何ですか。
　　　(A) 体力をつけたいから
　　　(B) 両親に誘われたから
　　　(C) 楽しそうに見えたから
　　　(D) 友達を多く作れるから

(173) この人が今年やりたいことではないものはどれですか。
　　　(A) 英語
　　　(B) テニス
　　　(C) ダンス
　　　(D) そろばん

(174) この人がそろばんをもう一度習いたいと思った理由は何ですか。
　　　(A) 暗算速度が遅くなってしまったから
　　　(B) 友達がみんなそろばんを習っていたから
　　　(C) 両親にもう一度習った方がいいと言われたから
　　　(D) 止めた後、そろばんの楽しさが分かってきたから

(175～178)

> 　韓国が好きで、過去に25回旅行している。パスポートは韓国のスタンプだらけだ。それなのに私が話せる韓国語と言えば「アンニョンハセヨ(こんにちは)」「カムサハムニダ(ありがとうございます)」などわずかしかない。だから、これから本格的に韓国語を勉強しようと決心した。
> 　韓国では時々、韓国人から道を尋ねられたり、写真を撮ってほしいとカメラを渡されたりする。写真は何とか撮れるが、道は教えられない。そのたびに「①________」と、後悔することになる。日本でも、街中で韓国人がハングルで書かれた地図を広げているのを見ると、手助けしたくなるが、今のままでは何もできず、②もどかしさを感じるばかりだ。韓国語を習得できたら、日韓両国の人たちに互いの国の良さを伝えたいと思う。そんな小さな国際交流ができれば、私の韓国の旅も充実することだろう。

(175) この人のパスポートが韓国のスタンプだらけになった理由は何ですか。

 (A) 出張でよく韓国へ行ったから

 (B) 旅行でよく韓国へ行ったから

 (C) 友達に会いによく韓国へ行ったから

 (D) 親戚に会いによく韓国へ行ったから

(176) この人が本格的に韓国語を勉強しようと決心した理由は何ですか。

 (A) 話せる韓国語が少なかったから

 (B) 韓国の文化に興味があったから

 (C) 韓国人の友達を作りたかったから

 (D) これからの仕事に役に立つと思ったから

(177) 本文の内容からみて、①________に入るもっとも適当な表現は何ですか。

 (A) 一人で旅行するんじゃなかった

 (B) 韓国人の友達がいれば良かった

 (C) もっと韓国語を勉強しておけば良かった

 (D) 写真の撮り方について勉強しておけば良かった

(178) ②もどかしさを感じるばかりだの理由として正しいものはどれですか。

 (A) 助けたくても韓国語がよくできないから

 (B) 旅行する人に迷惑になると思ったから

 (C) 恥ずかしくてなかなか話しかけられないから

 (D) あまり有名ではないところを観光しているから

(179~182)

世の中、ダイエットが流行っている　我が家は私、妻、娘とも太れない体質である。この間、知人から「土日とも家でごろごろしていたら太っちゃった」という言葉を聞いて①羨ましく感じた。その上、私の場合、昨年は数カ月間、闘病生活が続き、体重は激減してしまった。最近、やっと病気前の状態に戻ったものの、今も日本人男性の平均体重にはほど遠い。そこで、今年は何とかして3キロ増量したいと思っている。

具体的には(1)1日8時間以上よく眠る。(2)朝昼晩の3食はもちろんきちんと取り、間食もできるだけ取る。(3)週に2日は自宅で筋力トレーニングを実践するなどの目標を立てた。世間には私たち一家のように太りたくても太れない人も大勢いると思う。ただ、私が体重を増やしたいと思うのは、とにもかくにも健康のためだ。健康第一をモットーに、元気で豊かな1年にしたい。

(179) ①羨ましく感じたの理由として正しいものはどれですか。

(A) 知人は家でゆっくり休めるから

(B) 太っていた知人が痩せたから

(C) 自分より知人の方が痩せて見えるから

(D) 知人は家で二日間ごろごろしただけで太ったから

(180) この人の体重が昨年、激減してしまった理由は何ですか。

(A) 仕事のストレスが多かったから

(B) 長い間病気にかかっていたから

(C) ファーストフードばかり食べたから

(D) 食べ物にあまり気を使わなかったから

(181) 今、この人の体重はどうですか。

(A) 病気にかかる前より痩せている。

(B) 病気にかかる前よりかなり太っている。

(C) 日本人男性の平均体重を超えている。

(D) 日本人男性の平均体重に達していない。

(182) この人がこれから実践しようとすることではないものはどれですか。

(A) 間食はできるだけ控える。

(B) 1日8時間以上熟睡する。

(C) 朝昼晩の3食をきちんと取る。

(D) 週に2日は自宅で筋力トレーニングをする。

(183〜186)

　昨春、退職を機に我が家の食事作りを担当する①＿＿＿＿＿になった。レシピ本や料理サイトを見て色々な料理作りに挑戦している。しかし、意気込みは十分でもいざ調理となると思惑違いの連続だ。現実は厳しく、「僕、食べる人」の時は考えもしなかった食費の限界をつくづく感じている。②妻の苦労がやっと分かった。

　レシピ通りの食材調達などとうてい無理だから、自家栽培の野菜中心にならざるを得ない。試行錯誤を重ね、ようやく自分なりの調理法がつかめたのは約半年後だった。買い出しはチラシとにらめっこ。安売り商品を求めて走る。おかげで物の値段を覚えた。安い食材でうまい料理……。言うは易く行うは難し。でも、家族への思いやりを忘れなければ、うまいものができる。家事・料理が、男の手に移ってもおかしくない。誰が担うにせよ、根底に家族への愛があればいい。さあ、今年こそ、隠し味に愛をひとつまみ。

(183) 本文の内容からみて、①＿＿＿＿＿に入るもっとも適当な言葉は何ですか。

 (A) 裏目

 (B) 目安

 (C) 羽目

 (D) 目処

(184) ②妻の苦労が指しているものは何ですか。

 (A) 毎日料理を繰り返すこと

 (B) 家で野菜を栽培すること

 (C) レシピ通りの料理を作ること

 (D) 食費の範囲内で料理を作ること

(185) この人が思っている美味しい料理の秘訣は何ですか。

 (A) レシピの作り方を熟知すること

 (B) 失敗しても何度も挑戦すること

 (C) 家族への思いやりを忘れないこと

 (D) 失敗した料理の問題点を覚えておくこと

(186) この人についての説明の中で、正しくないものはどれですか。

 (A) 約半年間、自分なりの調理法をつかめなかった。

 (B) 食材はなるべく安売り商品より質のいい物を買う。

 (C) 食材は自家栽培の野菜中心になる場合が多い。

 (D) 退職をきっかけに食事作りを担当することになった。

「どうか一つの小さな命と引き替えに、統廃合を中止してください」。こんな遺書のようなメモを残して大阪府の小学生が自殺したニュースを知りました。ここ最近で、最も衝撃を受けたニュースかもしれません。その子①＿＿＿＿＿学校の統廃合がどれだけ重大な問題かを学校が気付いてあげられなかったことが、問題ではないでしょうか。学校を運営する上で最も大切なのは、子供の意見を聞くことだと思います。いくら優秀な先生がいても、子供がいなければ、学校は全く意味をなしません。学校の主役は子供です。校則で縛り、罰を与えるのでは、子供は何も変わりません。むしろ、対抗心を燃やしてしまいます。体罰は必要ありません。必要なのは子供の意見なのです。子供と大人の意見交換の場が少なすぎる気がします。このような事件を繰り返さないためにも、子供の意見を聞いてください。

(187) 本文の内容からみて、①＿＿＿＿に入るもっとも適当な表現は何ですか。

    (A) にとって

    (B) にかぎって

    (C) にともなって

    (D) にしたがって

(188) この人は子供を校則で縛り、罰を与えることについてどう思っていますか。

    (A) どんな子供でもある程度は変わる。

    (B) 教育的価値があるから、たまには必要である。

    (C) 子供が対抗心に燃えるだけで、何も変わらない。

    (D) 子供のためを思ってやっていることだから、従うしかない。

(189) この人の主張として正しいものはどれですか。

    (A) 学校の校則を増やしてほしい。

    (B) 体罰が必ずしも悪いとは言えない。

    (C) 優秀な先生をもっと採用してほしい。

    (D) 子供の意見にもっと耳を傾けてほしい。

(190～192)

　娘が二人目の出産で里帰りしていた時のことです。私の①<u>休日</u>は、連れてきた2歳の孫のお守りに充てられました。孫は新幹線が大好きでビデオ、絵本、おもちゃと新幹線ずぐめです。でも、本物の新幹線に乗ったことがありません。里帰りはいつも飛行機だったからです。そこで新幹線に乗せてやることにしました。二人きりの遠出は初めてでした。少し不安でしたが、ジュース、おむつを持って出かけました。名古屋駅の新幹線ホームに着くと、次々入ってくる列車に孫は興奮しました。700系だ、500系だ、あびるだと目を輝かせて教えてくれます。そして何より新幹線の編成の長さに驚いたようでした。「すごい、長い」の連発です。「こだま」に乗り、豊橋駅まで30分足らずでした。孫は窓にしがみつき、「じいちゃん、新幹線、飛行機より速いね」。そう話す真剣な顔を今も懐かしく思います。

(190)　この人は、①<u>休日</u>に何をやりましたか。

　　(A) 娘さんの世話

　　(B) 娘さんとの旅行

　　(C) たまっていた家事

　　(D) お孫さんの面倒を見ること

(191)　この人のお孫さんが新幹線に乗ったことがなかった理由は何ですか。

　　(A) 今まで恐くて乗れなかったから

　　(B) いつも飛行機に乗って里帰りしたから

　　(C) 新幹線の駅まで行くのに時間がかかったから

　　(D) 里帰りに飛行機より新幹線の方が時間がかかったから

(192)　この人のお孫さんは何に一番驚きましたか。

　　(A) 新幹線の編成の長さ

　　(B) 新幹線の乗客の多さ

　　(C) 新幹線の速度の速さ

　　(D) 新幹線の種類の多様さ

　退職金が減らされる前に早期退職する教員に対して文科相は「許されない」と批判したが、そう言い切れるだろうか。私は20年間、小中学校の教員を務め、病気のため5年前に退職した。教員の生活は分刻みの忙しさだ。昼食時も給食指導でまともに座って食べることはできない。休憩時間とは名ばかりで、提出物やテストなどの目通しに追われる。過労死や病休の教員が急増する中、①＿＿＿＿＿＿働くのは子供たちの幸せを願うからだ。いい子に育てたい、3月には成長を心から喜びたい。誰もがそんな気持ちで過ごしている。だからこそ、大半の教員は「働く方が収入減」という理不尽に耐え3月末まで勤めることを選ぶ。ただ、定年前で病気だったり介護が必要な人を抱えたりする人も少なくない。退職後に事情が許さなければ収入の道はない。批判する人は②そうした事情を想像できないのだろうか。

(193) この人の教員生活についての説明の中で、正しくないものはどれですか。

(A) 病気のため5年前に退職した。

(B) 20年間、小中学校の教員を務めた。

(C) 休憩時間にはゆっくり自分だけの時間を持つことができた。

(D) 昼食時も給食指導でまともに座って食べることはできなかった。

(194) 本文の内容からみて、①＿＿＿＿＿＿に入るもっとも適当な表現は何ですか。

(A) よりによって

(B) 口が過ぎて

(C) 身を粉にして

(D) 見かけに寄らず

(195) ②そうした事情が指しているものは何ですか。

(A) 退職後に収入が増えてしまうこと

(B) 退職しても教える仕事が続けられること

(C) 退職せざるを得ない事情を抱えていること

(D) 退職するまで病気などなしに過ごせること

(196) この人の考えと合っているものはどれですか。

(A) 早期退職は教員としてあるまじきことだ。

(B) 現状からみて早期退職は減っていくだろう。

(C) 早期退職は教員にとっても苦渋の選択である。

(D) もっと多くの教員が早期退職の道を選んでほしい。

(197〜200)

> 　最近、電車に乗っていると人身事故によるトラブルによく出くわす。これによって仕
> 事の約束を変更したり、病院をキャンセルしたりしたこともあった。頻繁に巻き込まれ
> る電鉄会社や乗客の多くは、口にこそ出さないが内心迷惑と思っているはずだ。はっき
> り言わない理由は自殺はいけないものとされているのに、迷惑という視点で捉えると、
> 迷惑でない自殺を肯定することになるからだ。
> 　自ら死を選ぶしかなかった心情を察すれば気の毒に思うが、迷惑であることを
> ①＿＿＿＿＿＿してはいけない理由はどこにもない。日常茶飯事になっているのに迷惑とい
> う声が全く聞こえてこないのは不自然だ。仮に迷惑という視点を絡めた自殺防止キャン
> ペーンをしても効果があるとは思えない。だが、多くの乗客を預かる立場にある電鉄会
> 社は、そうしたキャンペーンをそろそろ考えるべきではないだろうか。死者の尊厳を損
> ねることのない上手な表現の仕方がきっと何かあると思う。

(197) 電鉄会社や乗客の多くが人身事故を迷惑だとはっきり言わない理由は何ですか。

　　(A) 実は別に迷惑になるとは思えないから

　　(B) 迷惑行為かどうかはすぐ判断できないから

　　(C) 自分と関係のないことに関わりたくないと思っているから

　　(D) 迷惑だと言うと、迷惑でない自殺を肯定することになるから

(198) 本文の内容からみて、①＿＿＿＿＿に入るもっとも適当な言葉は何ですか。

　　(A) 明言

　　(B) 助言

　　(C) 過言

　　(D) 発言

(199) この人は何が不自然だと言っていますか。

　　(A) 迷惑だと分かっていながらも、人身事故が増えていること

　　(B) 人身事故を迷惑だと思っている人が予想以上に少ないこと

　　(C) 多くの人が自ら死を選ぶしかなかった心情を察してあげないこと

　　(D) 頻繁に起きる人身事故に迷惑という声が全く聞こえていないこと

(200) この人の主張として正しいものはどれですか。

　　(A) 電鉄会社は人身事故を防ぐ何か印象的な文句を考えてほしい。

　　(B) 迷惑という視点を絡めた自殺防止キャンペーンを実施してほしい。

　　(C) 電鉄会社は人身事故が多くの乗客にとって迷惑であることを分かってほしい。

　　(D) 自殺防止キャンペーンは死者の尊厳を損ねる恐れがあるから、止めてほしい。

<table>
<tr><td>受験番号</td><td></td><td></td><td></td><td></td><td></td><td></td></tr>
<tr><td>姓名</td><td colspan="6"></td></tr>
</table>

JPT 日本語能力試験

JAPANESE PROFICIENCY TEST

실전 모의고사

次の質問1番から質問100番までは聞き取りの問題です。

どの問題も一回しか言いませんから、よく聞いて答えを(A), (B), (C), (D)の中から一つ選びなさい。答えを選んだら、それにあたる答案用紙の記号を黒くぬりつぶしなさい。

Ⅰ. 次の写真を見て、その内容に合っている表現を(A)から(D)の中で一つ選びなさい。

(例)

(A) ここは銀行です。

(B) ここは郵便局です。

(C) ここは病院です。

(D) ここは図書館です。

答　(A) (●) (C) (D)

(1)

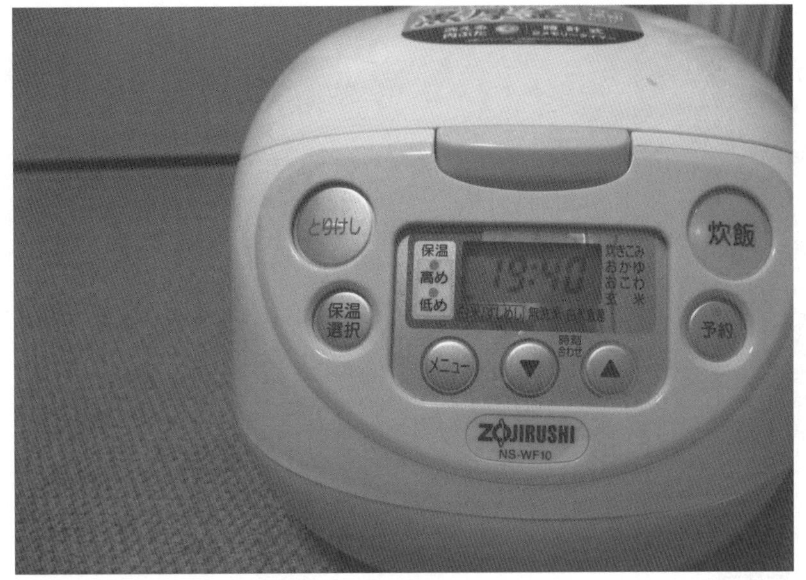

(2)

次のページに続く

(3)

(4)

大宮
Omiya
池袋
Ikebukuro
新宿
Shinjuku
高尾
Takao
八王子
Hachioji
東京
Tokyo
空港第2ビル
Airport Terminal 2
成田空港
Narita Airport
千葉
Chiba
横浜
Yokohama
大船
Ofuna
成田空港到着予定時刻
Estimated Time of Arrival
at Narita Airport
ただいまの時刻
Present Time
19 26

(5)

天龍寺庭園 (曹源池)
↑ 友雲庵   方丈.庭園僧堂 ↗
← 宝厳院   法堂 →
↙ 永明院   松厳寺 ↘
↙ 等観院   慈済院 ↘
↙ 寿寧院   弘源寺 ↘
↙ 妙智院   三秀院 ↘
史跡・特別名勝・天龍寺庭園（世界文化遺産）
庭園内「紅葉」見頃

(6)

First Kitchen
B1F客席36第二
414

次のページに続く

(7)

鹿の飛び出し
注　意

(8)

アパマンショップなら
初めてのお部屋探しの方も安心♪
お引越　インターネット
サポートあります！
アパマンショップ

(9)

(10)

次のページに続く

(11)

(12)

(13)

(14)

次のページに続く

(15)

(16)

(17)

(18)

次のページに続く

(19)

(20)

II. 次の言葉の返事として、もっとも適したものを(A)から(D)の中で一つ選びなさい。

(例) 明日は何をしますか。

(A) 公園に行きました。
(B) 金曜日です。
(C) 運動をしました。
(D) 友達の家に遊びに行きます。

(21) 答えを答案用紙に書き入れなさい。

(22) 答えを答案用紙に書き入れなさい。

(23) 答えを答案用紙に書き入れなさい。

(24) 答えを答案用紙に書き入れなさい。

(25) 答えを答案用紙に書き入れなさい。

(26) 答えを答案用紙に書き入れなさい。

(27) 答えを答案用紙に書き入れなさい。

(28) 答えを答案用紙に書き入れなさい。

(29) 答えを答案用紙に書き入れなさい。

(30) 答えを答案用紙に書き入れなさい。

(31) 答えを答案用紙に書き入れなさい。

(32) 答えを答案用紙に書き入れなさい。

(33) 答えを答案用紙に書き入れなさい。

(34) 答えを答案用紙に書き入れなさい。

(35) 答えを答案用紙に書き入れなさい。

(36) 答えを答案用紙に書き入れなさい。

(37) 答えを答案用紙に書き入れなさい。

(38) 答えを答案用紙に書き入れなさい。

(39) 答えを答案用紙に書き入れなさい。

(40) 答えを答案用紙に書き入れなさい。

(41) 答えを答案用紙に書き入れなさい。

(42) 答えを答案用紙に書き入れなさい。

(43) 答えを答案用紙に書き入れなさい。

(44) 答えを答案用紙に書き入れなさい。

(45) 答えを答案用紙に書き入れなさい。

(46) 答えを答案用紙に書き入れなさい。

(47) 答えを答案用紙に書き入れなさい。

(48) 答えを答案用紙に書き入れなさい。

(49) 答えを答案用紙に書き入れなさい。

(50) 答えを答案用紙に書き入れなさい。

次のページに続く

III. 次の会話をよく聞いて、後の問いにもっとも適したものを(A)から(D)の中で一つ選
びなさい。

(例) 女：昨日、友達の家に行きました。

男：何をしましたか。

女：音楽を聞いたり話したりしました。

男：そうですか。私は昨日家でテレビを見ました。

男の人は昨日何をしましたか。

(A) 音楽を聞いた。

(B) 友達と話した。

(C) 家でテレビを見た。

(D) 勉強をした。

(51) 二人は何時に会いますか。

  (A) 5時

  (B) 5時半

  (C) 6時

  (D) 6時半

(52) 二人は何を食べますか。

  (A) そば

  (B) ラーメン

  (C) カレー

  (D) 焼き肉定食

(53) 二人はどうやって帰りますか。

  (A) バスに乗って帰る。

  (B) 電車に乗って帰る。

  (C) タクシーに乗って帰る。

  (D) 男の人の車に乗って帰る。

(54) 男の人は何人家族ですか。

  (A) 4人

  (B) 5人

  (C) 6人

  (D) 7人

(55) 女の人は何を飲みますか。

  (A) 紅茶

  (B) コーヒー

  (C) コーラ

  (D) 何も飲まない。

(56) 女の人はいくら払いますか。

  (A) 400円

  (B) 500円

  (C) 600円

  (D) 700円

(57) 男の人はたばこを一日に何本ぐらい吸いますか。

(A) 5本
(B) 10本
(C) 15本
(D) 20本

(58) 男の人が言っている英語が上手になれる秘訣は何ですか。

(A) 外国で長年生活してみること
(B) 毎日1時間以上は勉強すること
(C) 英語を使う外国人と友達になること
(D) 毎日少ない時間でも欠かさずに勉強すること

(59) 男の人はどうして中国に行きましたか。

(A) 仕事のため中国に行った。
(B) 観光するため中国に行った。
(C) 留学するため中国に行った。
(D) 友達に会うため中国に行った。

(60) 女の人の意見として正しいものはどれですか。

(A) 安い居酒屋がいい。
(B) 活気のある居酒屋がいい。
(C) 料理が美味しい居酒屋がいい。
(D) 静かな店ならどこでもかまわない。

(61) 今の男の人はどんな姿ですか。

(A) 痩せていて髪の毛が少ない。
(B) 痩せていて髪の毛が多い。
(C) 太っていて髪の毛が長い。
(D) 太っていて髪の毛が少ない。

(62) 男の人はどうして女の人に電話をしましたか。

(A) 海外転勤が決まったから
(B) 女の人に頼みたい仕事があるから
(C) 来月から会社を辞めることになったから
(D) 女の人のお見舞いに行こうと思ったから

(63) 二人の会話の内容と合っているものはどれですか。

(A) 山の近くには湖が広がっている。
(B) 二人は山に登る途中に話している。
(C) 二人は雲一つない日に登山をしている。
(D) 二人は山の頂上で景色を眺めている。

(64) いつもの会議はどうでしたか。

(A) いつも早く終わった。
(B) 退屈で大変だった。
(C) 長かったけど、いつも役に立った。
(D) 話題と関係のない話は一切しなかった。

(65) 二人はどんな店で昼ご飯を食べますか。

(A) 安くて美味しい店
(B) いつもの社員食堂
(C) 女の人の行き付けの店
(D) 値段は高いが、美味しい店

(66) 男の人はどうして早く家に帰れないと言っていますか。

(A) 病院に寄らなければならないから
(B) 仕事がたくさんたまっているから
(C) 昨日やり残した仕事があるから
(D) 報告する資料が足りないから

次のページに続く

(67) 女の人の考えと合っているものはどれですか。

  (A) 鍵を使う前に自分に言ってほしい。

  (B) 使った鍵は必ず元の場所に戻すべきだ。

  (C) 最後に使った人は鍵をそのまま置くべきだ。

  (D) 自分の許可なしに会議室を使ってはいけない。

(68) 二人の会話の内容と合っているものはどれですか。

  (A) 男の人は加藤選手はもう辞めてもいい年だと思っている。

  (B) 加藤選手は大きな怪我もなしに頑張ってきたそうだ。

  (C) 女の人は野球とサッカーでは選手寿命が違うと思っている。

  (D) サッカーの加藤選手は40歳にもかかわらず、まだ現役選手として活躍している。

(69) 男の人はどうしましたか。

  (A) 高橋課長との約束を忘れていた。

  (B) 高橋課長との約束の時間を勘違いしていた。

  (C) 高橋課長との約束の時間より早く着いてしまった。

  (D) 高橋課長との約束の時間より遅く着いてしまった。

(70) 社長のスケジュールが空いている日はいつですか。

  (A) 火曜日

  (B) 水曜日

  (C) 木曜日

  (D) 金曜日

(71) 男の人のお腹の調子が悪いのはどうしてですか。

  (A) お酒を飲みすぎたから

  (B) 昨日の昼に食べたのが当たったから

  (C) 寝冷えしてしまったから

  (D) まだはっきりわからない。

(72) 二人の会話の内容と合っているものはどれですか。

  (A) 男の人の課長はとても厳しい人である。

  (B) 男の人の仮病はすぐ課長にばれてしまった。

  (C) 男の人の課長は優しくて大人しい人である。

  (D) 男の人は今度の件で課長にさんざん叱られた。

(73) 二人の考えと合っているものはどれですか。

  (A) 人はお金には卑しいものだ。

  (B) 人は何でもすぐ慣れてしまうものだ。

  (C) 人はお金を支払う時には敏感になるものだ。

  (D) 人は不利益を被った時には誰でも怒るものだ。

(74) 二人の会話の内容と合っているものはどれですか。

  (A) 女の人は年配の人向けに広告の企画を作った。

  (B) 男の人は会社の伝統的なイメージを変えるべきだと思っている。

  (C) 男の人は会社の昔からのイメージを維持してほしいと思っている。

  (D) 女の人はターゲットを多様化する必要があると思っている。

(75) 二人の会話の内容と合っていないもの
はどれですか。

  (A) 二人が話している化粧品は少し前ま
　　ではよく売れていた。

  (B) 男の人は容器さえ変えれば、売り上
　　げはまた伸びると信じ込んでいる。

  (C) 女の人は化粧品の容器を陶器に変え
　　ようと男の人に言っている。

  (D) 二人が話している化粧品は最近、売
　　り上げが落ち込んでいる。

(76) 二人の会話の内容と合っているものは
どれですか。

  (A) 男の人は女の人が撮った写真を見て
　　いる。

  (B) 写真の中の横の建物はぼんやりとし
　　か見えない。

  (C) 男の人が見ている写真は人物や風景
　　がうまく撮れている。

  (D) 男の人が見ている写真は顔はきれい
　　に撮れているが、周りの風景はピン
　　ぼけしてよく見えない。

(77) 女の人についての説明の中で、正しい
ものはどれですか。

  (A) 今月は先月より営業成績が伸びた。

  (B) 今月は先月より営業成績が落ち込んだ。

  (C) 今月は先月とほぼ同じぐらいの営業成
　　績だった。

  (D) 今月も先月も営業成績がよくなくて
　　課長に叱られた。

(78) 二人の会話の内容と合っていないもの
はどれですか。

  (A) 最近、自然災害が相次いでいる。

  (B) 男の人はボランティア活動に参加し
　　ている。

  (C) 被災地への援助は十分だとは言いが
　　たい。

  (D) 政府は自然災害に対して迅速に対応
　　している。

(79) 二人の会話の内容と合っていないもの
はどれですか。

  (A) 二人の会社はこれからリストラを計
　　画している。

  (B) 二人の会社は二期連続で業績が悪化
　　した。

  (C) 公的資金の投入はかなりの効果があっ
　　た。

  (D) 海外部門で採算性が合わないところ
　　は売却するしかない。

(80) 男の人についての説明の中で、正しい
ものはどれですか。

  (A) 最近、体の調子が悪い。

  (B) いつも部長に感謝している。

  (C) 部長とは気が置けない仲である。

  (D) 部長と仕事をするのが気が引けるよ
　　うだ。

次のページに続く ⇒

IV. 次の文章をよく聞いて、後の問いにもっとも適したものを(A)から(D)の中で一つ
選びなさい。

(例) ご来店のお客様にお知らせを申し上げます。千代田区からお越しの鈴木様、鈴木
様、至急1階の案内デスクまでお越しくださいませ。続きまして、お客様のお呼び
出しを申し上げます。大阪からお越しの山田様、山田様、お連れ様がお待ちですの
で、2階の婦人服売り場までお越しください。

    (1) ここはどこですか。

        (A) デパート

        (B) 図書館

        (C) 病院

        (D) コンビニ

    (2) 山田さんはどうすればいいですか。

        (A) 自宅に電話する。

        (B) 2階に行く。

        (C) 鈴木さんに電話する。

        (D) 大阪に行く。

---

(81) この人のお孫さんがカナダでホームス
テイをすることになったきっかけは何
ですか。

(A) カナダに親戚が住んでいるから

(B) 応募したイベントに選ばれたから

(C) 昔から英語に関心があったから

(D) 一度一人で生活してみたかったから

(82) 最初、この人はお孫さんのホームステ
イについてどう思いましたか。

(A) 少し不安だと思った。

(B) いい勉強になると思った。

(C) 絶対行ってはならないと思った。

(D) 何とも言えない複雑な気持ちだと
思った。

(83) この人のお孫さんについての説明の中
で、正しくないものはどれですか。

(A) 英語はとても上手である。

(B) 食べ物の好き嫌いが激しい。

(C) 今、小学4年生の女の子である。

(D) 牛乳は幼い頃からほとんど飲まな
かった。

(84) この人のお孫さんはカナダでのホーム
ステイを最終的にどうすることにしま
したか。

(A) 行くことにした。

(B) 行かないことにした。

(C) この人の意見に従うことにした。

(D) お母さんの意見に従うことにした。

(85) 現在の日本で着物を一人で着られる人について、この人はどう思っていますか。

(A) 一人で着られる人は少ない。
(B) ほとんどの人が一人で着られる。
(C) 一人で着られる人が毎年増えている。
(D) 一人で着られる人が毎年減っている。

(86) この人は何が寂しいと言っていますか。

(A) 着物の値段が高くなったこと
(B) 着物を売る店が少なくなったこと
(C) 昔に比べて着物の質が落ちていること
(D) 和服姿の人を見かけることが少ないこと

(87) この人は大学の着物の授業で、何を実感していますか。

(A) 着付けの大変さ
(B) 着物の値段の高さ
(C) 授業を聞いている学生の少なさ
(D) 着物について専門知識を持っている人の多さ

(88) この人は着物を着る時、何が大好きだと言っていますか。

(A) 落ち着いた感覚
(B) 痩せて見える感覚
(C) 背が高く見える感覚
(D) 背中がまっすぐになるような感覚

(89) 薬局である女性が困っていた理由は何ですか。

(A) 似ている商品が多かったから
(B) 商品の説明を読んでもよく分からなかったから
(C) 普段、買っていた商品が見つからなかったから
(D) 棚に並んでいる商品が全て中ががらがらだったから

(90) 薬局の店員の話からどんなことが分かりますか。

(A) あまり売れない商品は薬局に陳列しない。
(B) 盗難が多い商品は空箱の状態で置いておく。
(C) 最近、薬局で売られている商品は種類が少ない。
(D) 最近、薬局でお年寄り向けの商品がよく売れている。

(91) この人は商品を盗んだ人を誰だと思っていますか。

(A) 小学生
(B) お年寄り
(C) 若い女性
(D) 若い男性

次のページに続く ⟹

(92) スポーツ選手のインタビューで背景の
企業名が市松模様になっている理由は
何ですか。
(A) そうするとスポーツ選手が目立つから
(B) どこに人が立っても企業名が分かる
から
(C) 見る人がスポーツ選手に集中できる
から
(D) そうした方がスポーツ選手の写真写
りがいいから

(93) この人はどうして車内で困る場合が多
いと言っていますか。
(A) いつも込んでいて座れないから
(B) うるさくて車内放送がよく聞こえな
いから
(C) 迷惑行為をしている若者がたくさん
いるから
(D) 駅名表示板が近くになくて今どこな
のか分からないから

(94) この人は何を願っていますか。
(A) 長い駅名の帯の設置
(B) 車内の清潔さの維持
(C) 駅名デザインの多様化
(D) 駅名文字の大きさの拡大化

(95) この人は道で空き缶やペットボトルを
見かけた場合、どうしますか。
(A) 道路の隅に片付けておく。
(B) リサイクル業者に連絡をする。
(C) できるだけ拾うように努力する。
(D) 何もしないでそのまま通り過ぎる。

(96) 今までメーカーや小売店がデポジット
制の導入に積極的ではなかった理由は
何ですか。
(A) 手間がかかるから
(B) 商品の価格が下がるから
(C) 真剣に考えたことがないから
(D) 消費者から多くの苦情が寄せられた
から

(97) この人がもう一つの問題点として言っ
ていることは何ですか。
(A) 自動販売機周辺の汚さ
(B) 回収箱のない自動販売機
(C) 紙幣が使えない自動販売機
(D) あまり役に立たない自動販売機の多さ

(98) 去年4月に起きた事故についての説明の中で、正しいものはどれですか。

  (A) 多数の犠牲者が出た。
  (B) 亡くなった人は一人もいなかった。
  (C) ガードレールはきちんと機能していた。
  (D) 中央分離帯を越えて反対車線の車とぶつかった。

(99) 去年4月の事故の直接の原因は何でしたか。

  (A) 運転手の運転ミス
  (B) 運転手の居眠り運転
  (C) 運転手の酒気帯び運転
  (D) 道路に落ちていた金属片

(100) この人は高速道路での事故を防ぐためには、何が一番大事だと言っていますか。

  (A) 道路の改善
  (B) 過労運転の防止
  (C) 乗客の意識の改善
  (D) 高速道路関連法律の整備

これで聞き取りの問題は終わります。

それでは、次の質問101番から質問200番までの問題に答えなさい。

答案用紙に書き込む要領は聞き取りの場合と同じです。

Ⅴ．下の＿＿＿＿＿線の言葉の正しい表現、または同じ意味のはたらきをしている
　　言葉を(A)から(D)の中で一つ選びなさい。

(101) この紙には何も書かないでください。
　　(A) かみ
　　(B) がみ
　　(C) しろ
　　(D) くろ

(102) この仕事は分担してやりましょう。
　　(A) ふんたん
　　(B) ふんだん
　　(C) ぶんたん
　　(D) ぶんだん

(103) 昨日、美容院に行って髪を切りました。
　　(A) びょういん
　　(B) びよいん
　　(C) びよういん
　　(D) ひょういん

(104) さっき机の上に置いたはずの辞書がい
　　くら探しても見つからない。
　　(A) はなしても
　　(B) ふやしても
　　(C) もどしても
　　(D) さがしても

(105) こんな問題を解けるとは、本当に賢い
　　子供だね。
　　(A) しつこい
　　(B) あぶない
　　(C) かしこい
　　(D) おもしろい

(106) 最近、インターネットに絡んだ事件が
　　急増している。
　　(A) とんだ
　　(B) からんだ
　　(C) むすんだ
　　(D) たのんだ

(107) 大変申し訳ありませんが、ただ今在庫
　　は全て切れてしまいました。
　　(A) さいこ
　　(B) ざいこ
　　(C) さいこう
　　(D) ざいこう

(108) 息子さんもかなり背がのびましたね。
　　(A) 増び
　　(B) 伸び
　　(C) 長び
　　(D) 延び

(109) 昨日、駅前でぐうぜん同級生に会いま
　　した。
　　(A) 偶然
　　(B) 愚然
　　(C) 遇然
　　(D) 憂然

(110) この川、こんなににごっているから魚
　　は一匹もいないだろう。
　　(A) 汚って
　　(B) 渋って
　　(C) 滞って
　　(D) 濁って

(111) 今日の会議は9時からです。

 (A) 9時までです
 (B) 9時間します
 (C) 9時に始まります
 (D) 9時にしましょうか

(112) この問題の説明をお願いします。

 (A) 説明してもらえますか
 (B) 説明したらどうですか
 (C) 説明することがありますか
 (D) 説明させていただきますか

(113) 彼は頻りに仕事を変える人である。

 (A) 時々
 (B) たまに
 (C) 頻繁に
 (D) 滅多に

(114) 夏は何と言ってもビールに限る。

 (A) ビールはよくない
 (B) ビールが最高だ
 (C) ビールしか飲めない
 (D) ビールを飲むほかない

(115) 知らなかったにしろ、彼にもある程度は責任があるだろう。

 (A) にしても
 (B) からには
 (C) とばかりに
 (D) にかかわらず

(116) 大事な祭りとあって、村の人々は準備に余念がない。

 (A) 祭りといえども
 (B) 祭りに限って
 (C) 祭りさえあれば
 (D) 祭りであるものだから

(117) 先週、母と旅行に行ってきた。

 (A) 机の上に本とノートが置いてある。
 (B) 昨日は友達の木村さんと料理を作った。
 (C) 彼女が彼とけんかするなんて、信じられない話だ。
 (D) 反対ではないが、私の意見は彼とは違う。

(118) 絶対無理だと思っていたのに、よくやったものだ。

 (A) 若いうちに何でも習っておくものだ。
 (B) 大切な人は失った時にやっと気付くものだ。
 (C) 一日中何も飲まずによく我慢できたものだ。
 (D) 学生時代には彼とよく飲みに行ったものだ。

(119) やはり時間をかけただけのことはあるね。

 (A) どちらのチームが勝つかお金をかけよう。
 (B) 1億円をかけて建てた住宅にしてはあまりよくない。
 (C) みんなに心配をかけてしまい、本当に申し訳ない。
 (D) 駅までかけていったけど、終電には間に合わなかった。

(120) 上からものを言う彼の態度は本当に腹が立つよ。

 (A) 彼は嫌がっているのが顔の上に現われていた。
 (B) 相談の上で決めたことだから、そうするしかない。
 (C) 約束した上は何があっても守らなければならない。
 (D) 彼女は性格からして人の上に立つタイプではないと思う。

VI. 下の＿＿＿＿＿＿線の(A)、(B)、(C)、(D)の言葉の中で正しくない言葉を一つ選び
　　なさい。

(121) 道子さんはきれいし性格もいいので、みんなが好きだそうだ。
　　　　　　　 (A)　　　　 (B)　 (C)　　　　　　　 (D)

(122) 朝早い時間だから、空いているだろうと思ったのに、意外に患者が多くて2時間も
　　　 (A)　　　　　　　 (B)　　　　　　　　　　 (C)
　　　待たせた。
　　　 (D)

(123) 昨日京都を見物する時、珍しい物をたくさん見つけて買ってきた。
　　　　　　　　 (A)　　　 (B)　　　　　　 (C)　　 (D)

(124) 外は冷たい風が吹いて寒いですから、窓は開けなくてください。
　　　 (A)　　　 (B)　　　　 (C)　　　　 (D)

(125) この薬は朝夕に二本、必ず水で飲んでください。
　　　　　　　　 (A)(B)　 (C)　 (D)

(126) 靴を買ったら、この店よりデパートで買った方がお買得ですよ。
　　　　 (A)　　　 (B)　　　　　　　　 (C)　　　 (D)

(127) あの窓際に立って帽子をはいている人はどなたですか。
　　　 (A) (B)　　　　　　 (C)　　　　 (D)

(128) コーヒーになさるのでしたら、ミルクをお持ちますが、どういたしましょうか。
　　　 (A)　　　 (B)　　　　　　　　 (C)　　　　　 (D)

(129) 昨日、買い物をするためにデパートに行ったら、めったで会えない友人に会った。
　　　　　　　 (A)　　　　　　　　 (B)　 (C)　　　　　 (D)

(130) 万一の事態に備える防災訓練で、子供たちはベルが鳴るや同時にグラウンドに
　　　 (A)　　　 (B)　　　　　　　　　　　 (C)　　　　 (D)
　　　走り出た。

(131) この公園では、毎月二番目の土曜日に野球試合が行われることにあっている。
　　　　　　(A)　　　　　(B)　　　　(C)　　　　　　　　　　　　　(D)

(132) いただいた応募用紙にご住所と氏名をご記入ください。
　　　　(A)　　　　(B)　(C)　　　　(D)

(133) 角を曲がった時、急に人が出てきてもう少しにぶつかるところだった。
　　　(A)　　　　　　(B)　　　　　　　　(C)　　　　(D)

(134) 今度のマラソーン大会は、最後まで誰が優勝するかわからないほど抜きつ抜かれつの
　　　　　(A)　　　　　　　　　　　　　　　(B)　　　　　　　　(C)
接戦だった。
　(D)

(135) 無邪気な子供を味気ない商売に利用するなんて、本当に不届き者だ。
　　　(A)　　　　　(B)　　　　　　(C)　　　(D)

(136) 今のままだと相手側の条件を呑むことは難しいです。それとも、相手側が一歩
　　　(A)　　　　　　　　　(B)　　　　　　　　　(C)
下がってくれれば契約が取れるかもしれません。
　(D)

(137) 日本での会社生活は、上司での付き合いもさることながら、部下に対する 首尾一貫
　　　　　　　　　　　　(A)　　　　　　　　(B)　　　　(C)　　(D)
した態度もとても重要である。

(138) 航空会社は今度の事件の原因は予測不可能な天候のせいだと発表した。
　　　　　　　　(A)　　　(B)　　　　　　　(C)　(D)

(139) 重役ともあろう者がろくに仕事もせず、社長にべらべら胡麻ばかり摺っているなんて、
　　　(A)　　　　　　　　　　　　　　　　(B)　　　　　　(C)
情けない。
　(D)

(140) 当の理事長は記者会見に応じないも、事件の核心を突く質問にはうやむやな受け
　　(A)　　　　　　　　(B)　　　　　　(C)　　　　(D)
答えばかり繰り返した。

(141) 私は＿＿＿＿の中でいちごが一番好きです。

    (A) やさい

    (B) さかな

    (C) のりもの

    (D) くだもの

(142) 私は牛肉＿＿＿＿嫌いで、あまり食べません。

    (A) を

    (B) に

    (C) が

    (D) と

(143) 飲み物ですか。じゃ、私は紅茶＿＿＿＿します。

    (A) に

    (B) が

    (C) を

    (D) から

(144) 大阪と京都と和歌山の中で、人口が一番多いところは＿＿＿＿ですか。

    (A) どれ

    (B) どなた

    (C) どちら

    (D) どんな

(145) 今の靴は古くなったので、新しいものが＿＿＿＿。

    (A) ほしいです

    (B) わるいです

    (C) かいます

    (D) うります

(146) 郵便局に行く＿＿＿＿、電車よりバスの方が速いです。

    (A) へは

    (B) では

    (C) には

    (D) とは

(147) あの窓際に座っている人は________ですか。

    (A) だれ

    (B) どちら

    (C) どんな

    (D) どの

(148) 昨日のパーティーに行けなかった________は風邪を引いたからです。

    (A) の

    (B) こと

    (C) もの

    (D) ところ

(149) ちょうど________としていたところに友達に来られて遅くなりました。

    (A) 出かけ

    (B) 出かける

    (C) 出かけた

    (D) 出かけよう

(150) この川は________危ないから、絶対に入らないでください。

    (A) おもくて

    (B) きつくて

    (C) ぬるくて

    (D) ふかくて

(151) 取引先との話し合いは思ったより________に進んだ。

    (A) カーブ

    (B) スマート

    (C) スムーズ

    (D) デリケート

(152) 4時間もテレビを________続けていると、目が疲れてしまうよ。

    (A) 見

    (B) 見て

    (C) 見る

    (D) 見た

(153) うちの息子はとても＿＿＿＿＿、風邪を引いたことは一度もありません。

    (A) ゆるくて

    (B) じょうぶで

    (C) しんせつで

    (D) いそがしくて

(154) せっかくの良いチャンスを＿＿＿＿＿しまい、とても残念です。

    (A) はずして

    (B) はたして

    (C) のがして

    (D) きらして

(155) 私は今ダイエット中で、ご飯も＿＿＿＿＿に食べています。

    (A) 少なく

    (B) 少なめ

    (C) 少なさ

    (D) 少なくない

(156) これは日本文学に＿＿＿＿＿鈴木君に聞いてみてよ。

    (A) こまかい

    (B) くわしい

    (C) よろこばしい

    (D) のぞましい

(157) あのパン屋は焼き＿＿＿＿＿のパンだけ売っているので、いつも長い行列ができる。

    (A) たて

    (B) もち

    (C) かけ

    (D) つき

(158) 耳を澄ますと、虫の鳴き声が＿＿＿＿＿聞こえてくる。

    (A) かすかに

    (B) ささやかに

    (C) おだやかに

    (D) きめ細かに

(159) 今回の件は君が＿＿＿＿＿をこめて謝れば、許してくれると思うよ。

 (A) 面倒
 (B) 真心
 (C) 情緒
 (D) 手数

(160) 彼女が私に嘘をつく＿＿＿＿＿、すぐには信じられなかった。

 (A) なんで
 (B) なんと
 (C) なんか
 (D) なんて

(161) そんな過ちは二度と＿＿＿＿＿まいと誓ったのに、また同じ過ちを犯してしまった。

 (A) する
 (B) した
 (C) して
 (D) しよう

(162) 彼は最近何か悩み事でもあるのか、＿＿＿＿＿がちょっと変ですね。

 (A) 様子
 (B) 事情
 (C) 用事
 (D) 状況

(163) 道子さんはあたかも金持ち＿＿＿＿＿ブランド品ばかり身にまとっている。

 (A) ように
 (B) のような
 (C) のごとき
 (D) のごとく

(164) 彼女は今度の手術で失われていた記憶が全部＿＿＿＿＿きたそうだ。

 (A) はぶいて
 (B) おこたって
 (C) よみがえって
 (D) こころみて

(165) 明日発表する報告書で重要な表を＿＿＿＿＿＿＿しまったことに気が付いた。

    (A) 見忘れて

    (B) 入れ忘れて

    (C) 取り忘れて

    (D) 置き忘れて

(166) 教師＿＿＿＿＿＿＿者が賄賂をもらうなんて、あるまじきことだ。

    (A) なる

    (B) たる

    (C) のる

    (D) ある

(167) 12時が過ぎて帰宅した妹に父は＿＿＿＿＿＿＿と怒鳴り付けた。

    (A) がみがみ

    (B) ひそひそ

    (C) ぺらぺら

    (D) すらすら

(168) 彼の説明にはどう考えてみても＿＿＿＿＿＿＿に落ちないところがある。

    (A) 体

    (B) 腑

    (C) 足

    (D) 胸

(169) 明後日から試験だから、これからは1分＿＿＿＿＿＿＿無駄にはできない。

    (A) において

    (B) たりとも

    (C) どころか

    (D) ばかりに

(170) 私は非常識＿＿＿＿＿＿＿彼女の行動に呆れてしまった。

    (A) きわめる

    (B) きわまらない

    (C) きわみの

    (D) きわまりない

Ⅷ. 下の文を読んで、後の問いにもっとも適した答えを(A)から(D)の中で一つ選び
　　なさい。

(171~174)

> 　皆さんはお店の人にあいさつしていますか。私はコンビニでアルバイトをしていま
> す。働く上で私が一番気を付けていることは、お客様の目を見てあいさつすることで
> す。午前中、店に入って来るお客様には「いらっしゃいませ、おはようございます」とお
> 声がけします。全ての人が私のあいさつに返事をくれるわけではありませんが、たまに
> 「おはよう」と返してもらえると、伝わったんだと嬉しくなります。①________、あいさ
> つを返してくれる人の多くはお年寄りで、同世代や若い人からほとんど返事がなく、少
> しさみしく思います。コンビニでも、どこかお店に入った時でもかまいません。あいさ
> つを返してみませんか。「返しても聞いていないでしょ」なんて思わないでください。私
> は嬉しい気持ちになれます。「おはよう」で人を幸せにしてみてください。

(171) この人がコンビニで働く時、一番注意していることは何ですか。

　　　(A) 商品をきれいに整理すること
　　　(B) 勘定に間違いがないようにすること
　　　(C) アルバイトの時間をきちんと守ること
　　　(D) お客様の目を見てあいさつすること

(172) この人はどんな時嬉しくなると言っていますか。

　　　(A) 店の人に褒められる時
　　　(B) お客が先にこの人にあいさつする時
　　　(C) あいさつしてお客から返事を返してもらう時
　　　(D) お客が探している商品を探してあげてお礼を言われる時

(173) 本文の内容からみて、①______に入るもっとも適当な言葉は何ですか。

　　　(A) しかし
　　　(B) それに
　　　(C) だから
　　　(D) あるいは

(174) この人は何がさみしいと言っていますか。

　　　(A) 最近、店に来るお客が減ってしまったこと
　　　(B) 小さな声であいさつする人が多くなったこと
　　　(C) お年寄りがあいさつの返事を返してくれないこと
　　　(D) あいさつしても同世代や若い人からほとんど返事がないこと

(175～178)

　「電車の乗り降りにも気遣いが必要」という記事を読みました。確かに、電車のドアが開くまで座ったまま待っている人が、乗客の整然とした乗り降りを妨げ、電車の遅れの原因になっているかもしれません。ただ、朝のラッシュ時についての記事だったとはいえ、「ドアが開く前に降りる準備をするのが常識だが、なぜできないのだろう」という言葉には、ちょっと悲しくなりました。体の具合で、①<u>そうできない人</u>も多いと思うのです。電車は急ブレーキをかける時もありますし、電車が止まるまで立って待つのが大変な人もいることを、分かってもらえると嬉しいと感じました。込んだ電車の中であれば、それなりの意識は必要だと思います。私も若い頃は、座席が空いていても座ろうとしませんでしたが、この頃は足の悪さも響くようになり、座れなければ必死で吊革にしがみついています。込んだ電車には極力、乗らないようにしていますが、きっと立って待つのが怖い人もいるのではないでしょうか。それで当たり前とは思いませんが、「②________」を分かっていてもできない人もいるのではと思いました。

(175) この人が記事の言葉にちょっと悲しくなった理由は何ですか。

- (A) 当たり前のことを実行しない人が多いから
- (B) ドアが開く前に降りる準備ができない人も多いから
- (C) 自分はドアが開く前に降りる準備をしたことがないから
- (D) 電車のドアが開くまで座ったまま待っている人が減らないから

(176) ①<u>そうできない人</u>が指しているものは何ですか。

- (A) 電車のドアの前に立っている人
- (B) 空いている席があるのに座らない人
- (C) 一人で電車の乗り降りができない人
- (D) ドアが開く前に降りる準備ができない人

(177) この人は電車に座れない時、どんなふうに対処しますか。

- (A) 必死で吊革につかまっている。
- (B) 若い人に席を譲ってくれるように頼む。
- (C) 座っている人に足の悪さを訴え続ける。
- (D) その電車を降りて他の電車に乗り換える。

(178) 本文の内容からみて、②________に入るもっとも適当な言葉は何ですか。

- (A) 常識
- (B) 法則
- (C) 知識
- (D) 礼儀

(179~182)

> 　娘が中学生だった頃、担任の先生から殴られていました。ベテランの女性担任は「私は長年完璧な学級を作ってきたが、学級運営に反対され困っている」と言うのです。その娘が「修学旅行に行くのは嫌だ」と言い出し、私が「学校に話す」と言ったら、娘は「そんなことしたら学校を辞める」と言いました。それで、私は娘に内緒で学校に行って担任の先生に話しました。「私は娘を自分の意見がはっきり言える子に育てたいと思っております。しかし、その過程で言葉遣いや目上の方に対する態度が疎かになったとしたら、私がその点を①＿＿＿＿＿教育致しますので、どうぞ娘に手を上げることだけは止めていただきたい。大事な大事な娘ですので何かの間違いがあってはいけないので」。帰宅してどきどきしながら娘に学校でのことを伝えました。娘は涙をぽろっとこぼして、小さな声で「ありがとう」と言いました。先生から殴られることはなくなりました。

(179) この人の娘さんが担任の先生から殴られた理由は何ですか。

    (A) 他の生徒をいじめていたから

    (B) 担任の学級運営に反対したから

    (C) 普段の生活態度がよくなかったから

    (D) 宿題などをきちんとして来なかったから

(180) この人は娘さんの話にどんなふうに対処しましたか。

    (A) 一生懸命に娘さんを説得した。

    (B) 仕方がなく、何もしないでいた。

    (C) 娘さんに内緒で学校に行って担任の先生に話した。

    (D) 娘さんに学校に行くと伝え、一緒に担任の先生に会った。

(181) 本文の内容からみて、①＿＿＿＿＿に入るもっとも適当な言葉は何ですか。

    (A) すんなりと

    (B) ぽっかりと

    (C) ゆったりと

    (D) しっかりと

(182) この人が娘さんにどきどきしながら学校でのことを伝えた理由は何ですか。

    (A) 担任の先生の話に一理あると思ったから

    (B) 娘さんに学校に話したら学校を辞めると言われたから

    (C) 娘さんが自分の意見をはっきり言えないと思ったから

    (D) 娘さんの言葉遣いや目上の方に対する態度がよくないことを知ったから

(183～186)

　「24歳以下の妊婦、喫煙率約1割」の①<u>記事</u>に驚いた。環境省の全国調査によるもので、全国の結婚した男女2千人を対象に調査したものであった。調査によると、24歳以下の妊婦の喫煙率は1割程度で、24歳以下の妊婦がいる夫もたばこを吸っていないのは3割程度だったという。この記事を読んで、30年も前、教え子の同窓会に招かれた時のことを思い出した。宴会場は、たばこの煙でもうもうとしていた。私が小学校で喫煙防止教育に取り組んだのはそれからだ。がんなどの病気にかかる率が高くなること、周りの人にも被害を与えること、　お腹の中の赤ちゃんにも影響があることなどを丁寧に教えた。たばこの怖さを知った子供たちは、「大人になっても決してたばこを吸いません」と授業後の感想文に書いていた。正しい知識を学ぶ機会があったなら、妊婦が喫煙するなどという非常識なことはないと思う。健康や命を大切にする教育の一環として、喫煙防止教育は小学校から徹底してやってほしい。

(183) ①<u>記事</u>についての説明の中で、正しくないものはどれですか。

　　(A) 環境省が全国的に実施した調査である。

　　(B) 全国の結婚した男女2千人を対象に調査した。

　　(C) 24歳以下の妊婦の10%程度がたばこを吸っていた。

　　(D) 24歳以下の妊婦がいる夫も30%程度がたばこを吸っていた。

(184) この人が小学校での喫煙防止教育に取り組むようになった理由は何ですか。

　　(A) 教え子の多くがたばこの有害性を知っていたから

　　(B) 教え子から喫煙防止教育をやってほしいと言われたから

　　(C) 教え子の中にたばこを吸っている人がほとんどいなかったから

　　(D) 教え子の同窓会の宴会場がたばこの煙でいっぱいになっていたから

(185) この人が喫煙防止教育で教えたことではないものはどれですか。

　　(A) 周りの人にも被害を与えること

　　(B) 国の禁煙政策が間違っていること

　　(C) お腹の中の赤ちゃんにも影響があること

　　(D) がんなどの病気にかかる率が高くなること

(186) この人の主張として正しいものはどれですか。

　　(A) 喫煙者は喫煙マナーをきちんと守ってほしい。

　　(B) 喫煙対策としてたばこ税をもっと上げてほしい。

　　(C) 喫煙防止教育は小学校から徹底してやってほしい。

　　(D) 学校での喫煙防止教育はあまり効果がないということを国は分かってほしい。

> 　私の住む周りは、3軒が空き地になっています。町内を見ても空き家が目立つし、高齢者の家庭が多いのに驚きます。人が住まない家は障子が破れ、雑草や庭木が伸び放題です。過疎地での生活で一番困るのは、津波や地震などが起きた時、頼りになるのは家族しかいないということです。一人暮らしや高齢者夫婦だけでの家庭では、自然災害や事故が発生した時、どう対処すれば良いのでしょうか。迷っているうちに被害に遭ってしまいます。
>
> 　どこに高齢者がいるか、役所は情報を持っていますが、個人情報保護法で禁じられているために高齢者マップは住民に公開されません。高齢者の大半は、消費者なので、定期的に食料品などを買わないことには暮らしていけません。何かあった時のために、高齢者の了解を得て高齢者マップを近隣住民に渡したり、買い物を代行してあげたり、過疎地に住む高齢者対策を進めてほしいと思います。

(187) この人は過疎地での生活で何が一番困ると言っていますか。

    (A) 若者がいなくなって町の活気がなくなったこと

    (B) 人口の減少で商店街が少なくなっていること

    (C) 自然災害があった時、家族にしか頼れないこと

    (D) 多くの店に高齢者向けの商品があまり揃っていないこと

(188) 役所が高齢者マップを住民に公開しない理由は何ですか。

    (A) 公開しても誰も関心を持たないから

    (B) 高齢者マップがろくにできていないから

    (C) 個人情報保護法で禁じられているから

    (D) 公開しないでほしいという苦情が多く寄せられたから

(189) この人の主張として正しいものはどれですか。

    (A) 空き家の実態を把握してほしい。

    (B) 個人情報保護法を改正してほしい。

    (C) 過疎地の高齢者対策を急いでほしい。

    (D) 過疎地を色々と開発して活気付けてほしい。

(190〜192)

> 　男の子はよく戦隊ヒーローごっこをするが当然、強い子は中心的な役で、弱い子は毎回やられ役。サッカーやリレーも、いつも強いチームが固定化され、子供たちは喜びか悔しさを知る。時に遊びの中でやり過ぎたり、言い過ぎたりすることは多々ある。①それは一過性のことで別に問題はないと思う。だが、いつも嫌がっているのに人をおとしめるような役を強いるのは問題だ。子供は、嫌な体験を通して健全な人間関係を学習するが、その行為がなぜいけないかを理解させるのは大人の役目である。子供同士のトラブルといじめは区別がつきにくく、大人が小さい時から言い聞かせるべきだ。ヒーローになれなかった子供が、将来大成することは少なくない。ただ、小さい時からの悔しさから抜け出せない子供だっているはずだ。中学生になって、突然深刻ないじめが起きるのではない。人を見下す行為がなくならない限り、いじめもなくならない。

(190) ①それが指しているものは何ですか。

    (A) 遊びの中でやり過ぎたり、言い過ぎたりすること

    (B) 遊びの中で子供たちが喜びか悔しさを知ること

    (C) スポーツでいつも強いチームが固定化されること

    (D) 強い子は中心役で、弱い子は毎回やられ役をすること

(191) この人が考えている大人の役目とは何ですか。

    (A) 子供の良い点を褒めてあげること

    (B) いけない行為を子供に理解させること

    (C) いつも温かい視線で子供を見守ること

    (D) 子供に健全な人間関係を作ってあげること

(192) この人の考えと合っているものはどれですか。

    (A) いじめは永遠になくならない。

    (B) いじめはおとしめる行為が問題である。

    (C) 高学年になって突然深刻ないじめが起きる場合が多い。

    (D) 子供同士のトラブルといじめの区別はそんなに難しくない。

(193~196)

　介護施設で入所者が入浴中に溺れて死亡する事故があった。真相は分からない。だが、私たち介護従事者は常に「死」と隣り合わせで働いている。どれだけ力を尽くして、どれだけ心を尽くしても、ご利用者は亡くなっていく。その最期をいかにその方らしく悔いなく旅立っていただけるか、そのお手伝いをするのが介護の仕事であり、やり甲斐だとも言える。慢性的な人員不足の中、過酷な業務、大きな責任、それに見合わない安い給料。それでも続けていけるのは「ありがとう」の言葉。そして一歩歩けた喜び、一口食べられた喜びを分かち合うこの仕事に、日々感動が満ちているからだ。事故報道で、介護の道を離れる人がいるかもしれない。過剰な報道が続く限り、人手不足は解消されず、それがまた事故を誘発する悪循環になるだろう。メディアにはもっと介護の良い面を伝えてほしい。介護を受けている人のために、将来介護を受ける自分たちのために。

(193) この人は介護の仕事のやり甲斐は何だと言っていますか。

　(A) 自分と関係ない仕事でもお手伝いすること
　(B) 利用者に介護の仕事の苦労を分かってもらうこと
　(C) 人員不足の中で他の人の仕事をお手伝いすること
　(D) 利用者の最期に悔いが残らないようにお手伝いすること

(194) 介護の仕事の現状として本文に出ていないものはどれですか。

　(A) 業務が過酷である。
　(B) 慢性的な人員不足が続いている。
　(C) 大きな責任を問われる場合は少ない。
　(D) 業務に見合わない安い給料をもらっている。

(195) この人が介護の仕事を続けていける理由として挙げていることは何ですか。

　(A) もうすぐ待遇が改善されること
　(B) 他の仕事より自分の性に合っていること
　(C) 他の仕事では味わえない喜びがあること
　(D) 利用者の感謝の言葉と喜びを分かち合えること

(196) この人の主張として正しいものはどれですか。

　(A) メディアは介護の大変さを報道してほしい。
　(B) メディアはもっと介護の良い面を伝えてほしい。
　(C) 政府は介護施設の利用者を増やす対策を講じてほしい。
　(D) 介護の事故についてメディアはもっと詳しく報道をしてほしい。

(197〜200)

> 　東京地検が、信号無視を繰り返すなど悪質な自転車運転者を道路交通法違反の罪で原則として略式起訴し、罰金を求める方針を決めた。自転車に絡む交通事故が増える状況では、必要で適切な措置だと思う。しかし、自転車事故というと、暴走行為やブレーキのないピストバイクなど一部の公道に適さない違反自転車の問題だけが議論の対象で終わっているのが気にかかる。
>
> 　日頃歩道を歩いていると、歩道を当たり前のように走り、歩行者が来ても避けず、ベルを鳴らして行く自転車の方が圧倒的に多いと思う。特に中高生や主婦、年配者にその傾向があるようで、歩行者優先を主張しても①________。無謀な自転車運転者を厳しく取り締まることに異論はない。が、もっと抜本的な対策に取り組む必要があると思う。東京都など一部自治体で検討されているナンバープレート装着義務化も一つの案だと思うが、学校や企業での交通ルール指導はもちろん、組織に属さずルール周知の場に接する機会のない人たちにも、改めて交通安全講習を義務化するなどの施策が必要ではないだろうか。

(197) この人は東京地検の措置についてどう思っていますか。

    (A) やりすぎた措置だと思っている。

    (B) 必要で適切な措置だと思っている。

    (C) すぐ効果が期待できない措置だと思っている。

    (D) 適切かどうかはっきり分からない措置だと思っている。

(198) この人は自転車事故の話の中で何が心配になると言っていますか。

    (A) 悪質な自転車運転者をもっと厳しく処罰しないこと

    (B) いくら努力しても自転車事故が一向に減らないこと

    (C) 自転車の暴走行為だけが取り締まりの対象になっていること

    (D) 公道に適さない違反自転車の問題だけが議論の対象になること

(199) 本文の内容からみて、①________に入るもっとも適当な表現は何ですか。

    (A) すぐ納得する人が多いだろう

    (B) それを守る人も実に多いようだ

    (C) 厳しく取り締まらない方がいいだろう

    (D) ぴんと来ていない人がまだまだ多いようだ

(200) この人の主張として正しいものはどれですか。

    (A) 自転車運転の抜本的な対策を急ぐべきだ。

    (B) 自転車事故を防ぐためには歩行者も意識を変えるべきだ。

    (C) 自転車事故を自転車に乗った人だけに転嫁するのはおかしい。

    (D) 交通安全講習だけでは自転車事故防止の効果は期待できない。

JPT 日本語能力試験

JAPANESE PROFICIENCY TEST

실전 모의고사

次の質問1番から質問100番までは聞き取りの問題です。

どの問題も一回しか言いませんから、よく聞いて答えを(A), (B), (C), (D)の中から一つ選びなさい。答えを選んだら、それにあたる答案用紙の記号を黒くぬりつぶしなさい。

Ｉ. 次の写真を見て、その内容に合っている表現を(A)から(D)の中で一つ選びなさい。

(例)

(A) ここは銀行です。

(B) ここは郵便局です。

(C) ここは病院です。

(D) ここは図書館です。

答　(A) (●) (C) (D)

(1)

(2)

次のページに続く

(3)

(4)

(5)

のりかえ Transfer
トロッコ列車 (嵯峨野観光鉄道)
Sagano Kanko Line
嵯峨野線 31・32・33 のりば (のりかえ)
トロッコ嵯峨駅／嵯峨嵐山駅 (下車す)
トロッコ亀岡駅／馬堀駅 (下車徒歩約10分)
のりかえ
JR 京都
きょうと Kyōto

(6)

和風れすとらん 菊水
営業時間 11:00～14:30 (ラスト・オーダー)
¥1,700
¥2,500
¥4,000
¥7,000
¥1,200
菊水楼

次のページに続く ⟹

(7)

京都大学端艇文同好会
水球
競泳
物品譲ります。
京大漫トロビー

(8)

右折行き止まり
駐車場ありません
協賛 東大寺福祉療育病院案内看板

(9)

(10)

次のページに続く ⟶

(11)

(12)

(13)

(14)

次のページに続く

(15)

てっちり
ぼてい
馬さし
闘鶏
活魚
月桂冠
馬
二和鳥
NIWATORI

(16)

梅新グリーンパーク
AM8:00 ～ AM2:00 20分 300円
AM2:00 ～ AM8:00 60分 200円
10時間最大料金 1,000円
0120-03-6548
P 月極駐車場 募集
大成有楽 不動産 販売 ☎06-6262-6611

(17)

(18)

土曜・日曜・休日
Saturdays, Sundays and Holidays
星期六・星期天・节假日

時	分																備考
5	9	19	29	39	49	59											
6	9	19	29	39	49	58											
7	9	18	28	32	37	44	48	51	57								
8	0	3	9	12	15	21	24	27	33	36	39	45	48	51	57		
9	0	3	9	12	15	21	24	27	33	36	39	46	49	52	59		
10	2	5	9	12	16	20	23	27	31	35	38	42	46	50	53	57	
11	1	5	8	12	16	20	23	27	31	35	38	42	46	50	53	57	
12	1	5	8	12	16	20	23	27	31	35	38	42	46	50	53	57	
13	1	5	8	12	16	20	23	27	31	35	38	42	46	50	53	57	
14	1	5	8	12	16	20	23	27	31	35	38	42	46	50	53	57	
15	1	5	8	12	16	20	23	27	31	35	38	42	46	50	53	57	
16	1	4	8	11	15	18	22	25	29	32	36	43	46	49	55	58	
17	1	7	10	13	19	22	25	31	34	37	43	46	49	55	58		
18	1	7	10	13	19	22	25	31	34	37	43	46	50	57			
19	0	4	7	11	14	18	21	25	28	32	35	39	43	47	51	55	59
20	3	7	11	15	19	23	27	31	35	39	43	47	51	55	59		
21	3	7	11	16	20	25	29	34	38	43	47	52	59				
22	2	12	22	33	43	53											
23	3	13	23	33	44												
0	1																

次のページに続く

(19)

QFRONT
SEIBU
OIOI
もん
じゃ

(20)

KOBE
ACADEMY B₂
BON SODA
COKE
BIKI HIGHBALL
TONIC
N LIME
TINI
CASSIS
AR

II. 次の言葉の返事として、もっとも適したものを(A)から(D)の中で一つ選びなさい。

（例）明日は何をしますか。

    (A) 公園に行きました。
    (B) 金曜日です。
    (C) 運動をしました。
    (D) 友達の家に遊びに行きます。

(21) 答えを答案用紙に書き入れなさい。

(22) 答えを答案用紙に書き入れなさい。

(23) 答えを答案用紙に書き入れなさい。

(24) 答えを答案用紙に書き入れなさい。

(25) 答えを答案用紙に書き入れなさい。

(26) 答えを答案用紙に書き入れなさい。

(27) 答えを答案用紙に書き入れなさい。

(28) 答えを答案用紙に書き入れなさい。

(29) 答えを答案用紙に書き入れなさい。

(30) 答えを答案用紙に書き入れなさい。

(31) 答えを答案用紙に書き入れなさい。

(32) 答えを答案用紙に書き入れなさい。

(33) 答えを答案用紙に書き入れなさい。

(34) 答えを答案用紙に書き入れなさい。

(35) 答えを答案用紙に書き入れなさい。

(36) 答えを答案用紙に書き入れなさい。

(37) 答えを答案用紙に書き入れなさい。

(38) 答えを答案用紙に書き入れなさい。

(39) 答えを答案用紙に書き入れなさい。

(40) 答えを答案用紙に書き入れなさい。

(41) 答えを答案用紙に書き入れなさい。

(42) 答えを答案用紙に書き入れなさい。

(43) 答えを答案用紙に書き入れなさい。

(44) 答えを答案用紙に書き入れなさい。

(45) 答えを答案用紙に書き入れなさい。

(46) 答えを答案用紙に書き入れなさい。

(47) 答えを答案用紙に書き入れなさい。

(48) 答えを答案用紙に書き入れなさい。

(49) 答えを答案用紙に書き入れなさい。

(50) 答えを答案用紙に書き入れなさい。

次のページに続く

III. 次の会話をよく聞いて、後の問いにもっとも適したものを(A)から(D)の中で一つ選
　　びなさい。

（例）女：昨日、友達の家に行きました。

　　　男：何をしましたか。

　　　女：音楽を聞いたり話したりしました。

　　　男：そうですか。私は昨日家でテレビを見ました。

　　　男の人は昨日何をしましたか。

　　　(A) 音楽を聞いた。

　　　(B) 友達と話した。

　　　(C) 家でテレビを見た。

　　　(D) 勉強をした。

(51) 男の人は東京まで何で行きますか。
　　　(A) 船
　　　(B) 高速バス
　　　(C) 新幹線
　　　(D) 飛行機

(52) 男の人は昨日何時に家に帰りましたか。
　　　(A) 6時頃
　　　(B) 7時頃
　　　(C) 9時頃
　　　(D) 10時頃

(53) 女の人はどんな所に引っ越しましたか。
　　　(A) 賑やかな所
　　　(B) うるさくない所
　　　(C) 駅から近い所
　　　(D) 前の家より広い所

(54) 今日は何曜日ですか。
　　　(A) 水曜日
　　　(B) 木曜日
　　　(C) 金曜日
　　　(D) 土曜日

(55) 二人の会話の内容と合っているものは
　　　どれですか。
　　　(A) パン屋の息子さんはすぐレストラン
　　　　　を辞めるつもりだ。
　　　(B) パン屋の息子さんは親の勧めでレス
　　　　　トランに就職した。
　　　(C) パン屋のご主人は息子さんの就職を
　　　　　たいへん喜んでいる。
　　　(D) パン屋のご主人は息子さんが自分の
　　　　　仕事を継いでほしいと思っていた。

(56) 女の人が耳鳴りがする理由は何ですか。

  (A) 体調が悪いため
  (B) 昔からの持病のため
  (C) 業務上のストレスのため
  (D) 自分に向いていない仕事のため

(57) 二人の会話の内容と合っているものは
どれですか。

  (A) 男の人は女の人の運転能力を心配し
ている。
  (B) 女の人は男の人の運転能力を心配し
ている。
  (C) 男の人は自分の運転能力にかなり自
信を持っている。
  (D) 女の人は自分の運転能力にかなり自
信を持っている。

(58) 支店からのファックスがまだ届いてい
ない理由は何ですか。

  (A) 上司の決裁がまだだから
  (B) 報告書にミスが見つかったから
  (C) 支店のファックスが故障しているから
  (D) 女の人にゆっくり送ってもいいと言
われたから

(59) 二人が話している靴についての説明の
中で、正しくないものはどれですか。

  (A) 軽くて履きやすい。
  (B) 洗濯しても乾くのが早い。
  (C) いつでも気軽に履ける。
  (D) 運動する時以外はあまり履かない方
がいい。

(60) 二人は娘についてどう思っていますか。

  (A) 守れない約束はするべきではない。
  (B) 質問には返事をちゃんとすべきだ。
  (C) 忙しかったので、約束を守れなかっ
たことは理解できる。
  (D) 自分の間違いが分かったら、相手に
すぐ謝るべきだ。

(61) かぼちゃについての説明の中で、正し
いものはどれですか。

  (A) 男の人は東京にしかないと思っていた。
  (B) 女の人は地方にはないと思っていた。
  (C) 男の人は東京以外の地方ではよく見
られると思っている。
  (D) 女の人は東京だけではなく、地方で
もよく見られると思っている。

(62) 二人の会話の内容と合っていないもの
はどれですか。

  (A) 男の人は本に書いてある通りに肉を
焼いた。
  (B) 肉を美味しく焼くためには温度が重
要だそうだ。
  (C) 男の人は温度をちゃんとチェックし
ながら肉を焼いた。
  (D) 男の人は温度計に問題があるかもし
れないと思っている。

(63) 二人の会話の内容と合っているものは
どれですか。

  (A) 林さんは娘さんの就職があまり嬉し
くないようだ。
  (B) 林さんの娘さんは大企業に就職が決
まった。
  (C) 林さんの夢はお菓子の専門家になる
ことだった。
  (D) 林さんはお菓子作りの勉強のために
留学したことがある。

(64) 二人の会話の内容と合っていないもの
はどれですか。

  (A) 鈴木さんは気が利く人だ。
  (B) 伊藤さんは性格が明るい。
  (C) 伊藤さんは今度大阪に転勤する。
  (D) 鈴木さんは伊藤さんと一緒に挨拶に
来た。

次のページに続く ➡

(65) 二人の会話の内容と合っているものは
どれですか。

(A) 彼は今まで男の人にずっと協力して
きた。
(B) 男の人と彼は昔は仲がとても良かった。
(C) 男の人は彼が自分に脅威的な存在だ
と思っている。
(D) 男の人は彼を後ろで操っている人の
存在を知っているようだ。

(66) 商品の届けが遅れる理由は何ですか。

(A) 地震の影響を受けたから
(B) 注文が殺到しているから
(C) 地震が起きるかもしれないから
(D) 商品に欠陥が見つかったから

(67) 二人の会話の内容と合っているものは
どれですか。

(A) 男の人は服を買うのに一番多く小遣
いを使っている。
(B) 男の人は食事代に一番多く小遣いを
使っている。
(C) 女の人は食事代にもけっこう多くの
小遣いを使っている。
(D) 男の人は電話代にはあまり小遣いを
使っていない。

(68) 二人が話している推薦留学についての
説明の中で、正しくないものはどれで
すか。

(A) 高校の時の成績などは今のままである。
(B) 英語の試験の合格証がないと絶対に
申し込めない。
(C) 英語の試験の合格証があればテスト
は受けなくてもいい。
(D) 英語の試験の合格証がない場合はテ
ストを受ける必要がある。

(69) 明日の天気はどうですか。

(A) 雨
(B) 晴れ
(C) 曇りのち晴れ
(D) 雨のち晴れ

(70) 二人はどうやって空港まで行きますか。

(A) ホテルでタクシーに乗って空港まで
行く。
(B) ホテルの前から出る空港行きのバス
に乗って空港まで行く。
(C) 市役所までバスで行って、そこから
タクシーに乗って空港まで行く。
(D) 市役所までタクシーで行って、そこ
から空港行きのバスに乗って空港ま
で行く。

(71) 二人の考えと合っているものはどれで
すか。

(A) 男の人は彼の主張に猛反対している。
(B) 女の人は彼の主張は打開策にならな
いと思っている。
(C) 二人とも彼の主張に従うことが最善
策だと思っている。
(D) 二人とも彼の主張は正しいが、実現
できっこないと思っている。

(72) 二人の会話の内容と合っていないもの
はどれですか。

(A) 男の人は女の人に飲み物を勧めてい
る。
(B) 女の人は最近体の調子が優れないよ
うだ。
(C) 男の人が勧める飲み物はビタミンを
補う飲み物である。
(D) 男の人が勧める飲み物は味はさっぱり
しているが、ちょっと飲みにくい。

(73) 今回の映画が大成功だった理由として
正しくないものはどれですか。

(A) 台本が面白かった。
(B) 俳優の演技力が良かった。
(C) メディアによる宣伝効果が大きかった。
(D) 人々の口コミによる宣伝効果が大き
かった。

(74) 女の人の自転車についての説明の中で、
正しいものはどれですか。

(A) ギアがなくて不便だ。
(B) 値段がとても高い。
(C) 収納しやすく作られている。
(D) 大きすぎて置く場所がない。

(75) 二人の会話の内容と合っているものは
どれですか。

(A) 二人は課長が聞く耳を持っていると
思っている。
(B) 話し合いはいつも課長が独断で決め
てしまう。
(C) 男の人は話し合いで女の人が黙って
いてほしいと思っている。
(D) 女の人は話し合いの後で文句を言う
人に問題はないと思っている。

(76) 二人の会話の内容と合っていないもの
はどれですか。

(A) 渡辺さんはもうすぐ店を廃業するそ
うだ。
(B) 渡辺さんの奥さんは足がよくないそ
うだ。
(C) 渡辺さんは東京の息子さんのところ
に引っ越すそうだ。
(D) 渡辺さんは昔から息子さんとの同居
をしたがっていた。

(77) 新しい化粧品について男の人はどう思って
いますか。

(A) 要らない物を買ったから、こうなっ
たと思っている。
(B) 評判や店員の勧めは全く当てになら
ないと思っている。
(C) 女の人の肌に合わないから、品質が
あまりよくないと思っている。
(D) いくらいい化粧品でも、肌に合わな
ければそれまでだと思っている。

(78) 二人が話している店についての説明の
中で、正しくないものはどれですか。

(A) 女の人はよくこの店に来ている。
(B) 遅い時間にはいつも閑散としている。
(C) 年に一日も休まずに24時間営業して
いる。
(D) 残業があったり徹夜したりする日に
とても役に立つ。

(79) 二人の考えと合っているものはどれで
すか。

(A) 品質さえよければ必ず売れる。
(B) 品質がよくてもある程度の宣伝は欠
かせない。
(C) 品質がいい製品は宣伝しなくても自
然に売れる。
(D) 少しぐらいの広告は製品の売り上げ
に何の影響も与えない。

(80) 女の人は息子さんの何が心配ですか。

(A) 成績が上がったり下がったりすること
(B) 勉強する時に集中力が足りないこと
(C) いつも緊張ぜずに試験を受けること
(D) 才能や能力はあるのに、努力しない
こと

次のページに続く

IV. 次の文章をよく聞いて、後の問いにもっとも適したものを(A)から(D)の中で一つ
選びなさい。

(例) ご来店のお客様にお知らせを申し上げます。千代田区からお越しの鈴木様、鈴木
様、至急1階の案内デスクまでお越しくださいませ。続きまして、お客様のお呼び
出しを申し上げます。大阪からお越しの山田様、山田様、お連れ様がお待ちですの
で、2階の婦人服売り場までお越しください。

    (1) ここはどこですか。

        (A) デパート

        (B) 図書館

        (C) 病院

        (D) コンビニ

    (2) 山田さんはどうすればいいですか。

        (A) 自宅に電話する。

        (B) 2階に行く。

        (C) 鈴木さんに電話する。

        (D) 大阪に行く。

(81) この人が勤めているビルの5階には何が
ありますか。

(A) 銀行

(B) 病院

(C) オフィス

(D) 社員食堂

(82) 昨日、この人は昼ご飯をどうしましたか。

(A) 一人で食べた。

(B) 中村さんと食べた。

(C) 鈴木さんと食べた。

(D) 忙しくて食べられなかった。

(83) 昨日、この人は何を食べましたか。

(A) そば

(B) 定食

(C) ラーメン

(D) 豚カツ

(84) 駅の近くにできたレストランについて
の説明の中で、正しくないものはどれ
ですか。

(A) ちょっと狭い。

(B) 料理が美味しい。

(C) 店員がとても親切だ。

(D) 色々なメニューがある。

(85) この人が通っている学校はどんな学校
　　です。

　　(A) 農業を習う学校
　　(B) 機械の操作法を習う学校
　　(C) 伝統的な芸能を習う学校
　　(D) 色々な国の料理を習う学校

(86) この人は何を見ると嬉しい気持ちにな
　　りますか。

　　(A) 友達が花をうまく育てる姿
　　(B) 周りの人々が花の話をする姿
　　(C) 毎日花が少しずつ成長していく姿
　　(D) 自分が育てた花がいい値段で売れる
　　　　こと

(87) この人はある授業で何を知りましたか。

　　(A) 思ったより花の成長が早いこと
　　(B) 思った以上に農作業が難しいこと
　　(C) 園芸がある機能の治療にもなること
　　(D) お年寄りの中で園芸に関心を持って
　　　　いる人が多いこと

(88) この人は最初、今の学校に入ることに
　　ついてどう思いましたか。

　　(A) どうでもいいと思った。
　　(B) ぜひ入りたいと思った。
　　(C) あまり入りたくないと思った。
　　(D) 両親の勧めなので、仕方がないと
　　　　思った。

(89) 8月9日はどんな日ですか。

　　(A) 太平洋戦争が始まった日
　　(B) 長崎に原爆が投下された日
　　(C) 広島に原爆が投下された日
　　(D) 国連軍が太平洋戦争に参加した日

(90) この人は社会科の授業でどんなことを
　　習いましたか。

　　(A) 歴史がいつも繰り返されること
　　(B) 政府の努力だけでは平和は手に入れ
　　　　ないこと
　　(C) 多くの国で平和を手に入れるために
　　　　努力していること
　　(D) 相手国と理解し合わない限り、戦争
　　　　はいつでも起こり得ること

(91) この人がするべきだと言っていないこ
　　とはどれですか。

　　(A) 平和な社会を守るために努力すること
　　(B) 戦争で苦しむ同年代の若者を助ける
　　　　こと
　　(C) 平和な社会に生きていることに感謝
　　　　すること
　　(D) 過去の歴史についてしっかり勉強し
　　　　ておくこと

次のページに続く

(92) この人が中学3年生の時、投稿するネタ
を探すために明け暮れていた理由は何
ですか。

(A) 毎日書くと宣言してしまったから
(B) クラスのみんなが投稿していたから
(C) 先生に投稿するようにと言われたから
(D) 自分の周りにはあまりいいネタがな
かったから

(93) この人は見つけたネタをどうしましたか。

(A) いいかどうか友達に聞いてみた。
(B) 印刷してファイルに入れておいた。
(C) まとまっていなくても一応書いてみた。
(D) 完全にまとまるまでもう少し調べて
みた。

(94) この人の青春において、もっとも影響
を与えたものは何ですか。

(A) 部活
(B) 勉強
(C) 投書
(D) 友達

(95) この人のエアコンの使用はどうですか。

(A) いくら暑くても全然使わない。
(B) なるべく使わないようにしている。
(C) 強いて言えば、使う場合が多い。
(D) 熱中症防止のため、よく使っている。

(96) この人は夏はどうするのが一番いいと
言っていますか。

(A) 家で友達と遊びながら過ごすこと
(B) 日焼けに注意しながら外出すること
(C) 暑い日は外出を控えて家でゆっくり
過ごすこと
(D) 外に出て汗をかきながら遊び、たく
さん思い出を作ること

(97) 夏を快適に送るために、この人が心掛け
ていることではないものはどれですか。

(A) 水遊びによく行く。
(B) 十分に塩分を取る。
(C) 軽くて涼しい格好をする。
(D) できるだけ屋外と室内の温度差をな
くす。

(98) 公営競技についての説明の中で、正しくないものはどれですか。

(A) ギャンブル性は低い。
(B) 競馬や競輪などが含まれる。
(C) 全国各地で毎日のように行われている。
(D) もともとは自治体の収入を補うために始まった。

(99) 公営競技の負のイメージが薄くなった理由ではないものはどれですか。

(A) リスクの高い商品の登場
(B) 競技場のレジャー施設化
(C) 高額当選金の宝くじの登場
(D) 競馬や競輪の配当金の増加

(100) この人が地方競馬の廃止に歯止めをかけてほしいと願っている理由は何ですか。

(A) 自治体の収入源がなくなるから
(B) 維持費があまりかからない施設だから
(C) 動物が近くで見られる数少ない機会だから
(D) 地方では地方競馬の他にレジャー施設が少ないから

これで聞き取りの問題は終わります。

それでは、次の質問101番から質問200番までの問題に答えなさい。

答案用紙に書き込む要領は聞き取りの場合と同じです。

Ｖ. 下の＿＿＿＿＿線の言葉の正しい表現、または同じ意味のはたらきをしている
　言葉を(A)から(D)の中で一つ選びなさい。

(101) あの赤い時計をしている人が鈴木さん
　　　です。

　　　(A) とけ
　　　(B) とけい
　　　(C) どけ
　　　(D) どけい

(102) これは安全な場所に移してください。

　　　(A) あんせん
　　　(B) あんぜん
　　　(C) あんてん
　　　(D) あんでん

(103) 自分の間違いなのに、彼女はちっとも
　　　謝らなかった。

　　　(A) とまらなかった
　　　(B) あやまらなかった
　　　(C) あつまらなかった
　　　(D) こだわらなかった

(104) 幼児期には、特定の運動を教わるよ
　　　り、自由に体を動かして遊ぶ方がいい
　　　という。

　　　(A) おしわる
　　　(B) おそわる
　　　(C) いつわる
　　　(D) かかわる

(105) 運動を欠かさずに、体を鍛えていた彼
　　　はがっちりした体格をしていた。

　　　(A) おさえて
　　　(B) きたえて
　　　(C) おびえて
　　　(D) あたえて

(106) レタスは千切って鍋の中に入れてくだ
　　　さい。

　　　(A) ちぎって
　　　(B) せんぎって
　　　(C) とぎって
　　　(D) まぎって

(107) 水道管が破裂していて、水が漏れてい
　　　た。

　　　(A) きれつ
　　　(B) もれつ
　　　(C) はれつ
　　　(D) されつ

(108) これはのこさず全部食べてください。

　　　(A) 余さず
　　　(B) 集さず
　　　(C) 取さず
　　　(D) 残さず

(109) 知らない問題はいさぎよく諦めて次の
　　　問題を解きましょう。

　　　(A) 速く
　　　(B) 清く
　　　(C) 潔く
　　　(D) 決く

(110) ベトナムはもうれつな勢いで発展しつ
　　　づけている国である。

　　　(A) 盲裂
　　　(B) 猛烈
　　　(C) 盟烈
　　　(D) 猛裂

(111) この建物は図書館ですが、あの白い<u>の</u>
は何ですか。

    (A) 会社
    (B) 建物
    (C) 店
    (D) 役所

(112) 鈴木課長は<u>会議をしているところ</u>です。

    (A) 現在、会議中です
    (B) 会議を主催しました
    (C) 会議の準備をしています
    (D) もうすぐ会議に出席します

(113) 今話すと傷付くと<u>わかっていながら</u>、
つい言ってしまった。

    (A) わかりつつ
    (B) わかってから
    (C) わかるなら
    (D) わかるからには

(114) この本は<u>子供用</u>に書いた小説だけれ
ど、大人が読んでも面白い。

    (A) 子供を先に
    (B) 子供のように
    (C) 子供向けに
    (D) 子供とは関係なく

(115) <u>それとなく</u>彼の意向を聞いてみたが、
彼は何も言わなかった。

    (A) 積極的に
    (B) 根本的に
    (C) むやみと
    (D) 察せられずに

(116) 長引いていた両社の交渉も<u>正念場を迎
えた</u>。

    (A) 決裂しそうだ
    (B) 妥結しそうだ
    (C) 横這いの状態になりそうだ
    (D) もっとも大事な局面に入った

(117) この荷物を二階まで運ぶの<u>を</u>ちょっと
手伝ってくれないかな。

    (A) 私は毎朝公園<u>を</u>散歩している。
    (B) 許可なしにここ<u>を</u>通ってはいけない。
    (C) 大きな馬車が橋<u>を</u>渡っていた。
    (D) 妹の誕生日のお祝いに手袋<u>を</u>買う
つもりだ。

(118) 彼<u>の</u>した無責任な行動を見逃すわけに
はいきません。

    (A) 机の上にある本は誰<u>の</u>ですか。
    (B) 私<u>の</u>好きな音楽はクラシックです。
    (C) 郵便局なら、銀行<u>の</u>そばにありま
すよ。
    (D) 家を買う<u>の</u>に必要な書類を提出した。

(119) 彼は仕事はできるが、融通が<u>きかない</u>
からやりにくい。

    (A) この薬、頭痛によく<u>きく</u>の。
    (B) 親に生意気な口を<u>きいて</u>はいけない。
    (C) 車のブレーキがよく<u>きかない</u>。
    (D) この生地は汗の吸収が良く、洗濯
が<u>きく</u>といった点で人気がある。

(120) 十分な注意を<u>かく</u>と、システムの故障
原因となる。

    (A) どのような作業中に問題が発生し
たかを詳しくお<u>かき</u>ください。
    (B) かゆいところを<u>かいた</u>からといっ
て、病気が悪くなることはありま
せん。
    (C) 長いこと絵を<u>かいて</u>いると、だん
だんそれが嫌になってくる瞬間が
あります。
    (D) オフェンスに決め手を<u>かく</u>ことは、
そのチームがシーズン開幕から抱
えてきた悩みだった。

Ⅵ. 下の＿＿＿＿＿線の(A)、(B)、(C)、(D)の言葉の中で正しくない言葉を一つ選び
　　なさい。

(121) 昨日はじめ食べてみた梅干はただすっぱいだけだった。
　　　　　(A)　　　　　(B)　　　　(C)　　　　　(D)

(122) 昨日の映画がとても面白だったので、今度また見に行こうと思っています。
　　　　　　　(A)　　　　　(B)　　　　　(C)　　(D)

(123) 今度こそまず来ると思っていたが、彼女はとうとう来なかった。
　　　　　(A)　(B)　　　　(C)　　　　　　　　(D)

(124) 先月から毎週金曜日に韓国語を習っています。もう新しい単語を100も覚えます。
　　　　　(A)　　　　　　(B)　　　　　　(C)　　　　　　　　　　　(D)

(125) 鈴木君は大学で文学を専攻したにもかかわらず、今建設関係の仕事を働いています。
　　　　　　　　(A)　　　　　　　　(B)　　　　　　(C)　　　(D)

(126) 先生は生徒たちに地図を見えながら、日本の地理について教えています。
　　　　　　　　(A)　　　　(B)　　　　　　　(C)　　　　(D)

(127) 月末の金曜日とはいえ、開始までは2時間も残っているから、1時間後に出発しても
　　　　　　　　　(A)　　　　　(B)　　　　(C)

間に合いだろう。
　　(D)

(128) 私は毎朝公園で30分ぐらいジョギングをします。では、シャワーを浴びます。
　　　　　(A)　　(B)　　　　　　　　　　　　　(C)　　　　(D)

(129) 申し訳ありませんが、さっき配るサンプルを全部返していただけますか。
　　　(A)　　　　　　　　　(B)　　　　　(C)　(D)

(130) 最近忙しいから掃除をする時間が全然なかったから、部屋がとても汚くなっていた。
　　　　　(A)　　　　　(B)　　　　　　　(C)　　　　　　(D)

(131) 自分で決めた以上は、迷わずで進めてほしいと思います。
　　　　 (A)　　　 (B)　　　 (C)　　　　　 (D)

(132) あなたさえそばにいてくれれば、他にほしいは何もありません。
　　　　 (A)　　　　　　(B)　　　　　 (C)　　　　　 (D)

(133) うちのテレビは10年前に買った古いもので、よく故障されます。
　　　 (A)　　　　　　　　 (B)　　　 (C)　　　　　　 (D)

(134) かなり時間がかかると思っていたが、友達に手伝ってくれて予定よりも早く
　　　 (A)　　　　　　　　　　　　　　　　　　　　　　 (B)　　　 (C)

終わった。
　(D)

(135) 彼は試験に合格できなかった。しかし、すやすやしていてちっとも悲しく
　　　　　　 (A)　　　　　　　　　 (B)　　 (C)

なさそうだ。
　　(D)

(136) 監督は選手たちに情熱を促してきた。選手たちもそれにこたえて日本新記録を
　　　 (A)　　　　　　 (B)　　　　　　　　　　　 (C)　　　　 (D)

達成した。

(137) 今度はきっと負けると思っていたが、みんなの予想だに反して見事に勝って
　　　　　 (A)　　　　　　　　　　　　　　　　 (B)　　 (C)

優勝した。
　 (D)

(138) 歴史的に価値のある建物の保存につけ、持ち主と住民の意見が対立している。
　　　 (A)　　　　　　　　　 (B)　 (C)　　 (D)

(139) 今日限りのビックセールとあって、人々が先を挑んでデパートの中に押し寄せてくる。
　　　 (A)　　　　　　　 (B)　　　　　　　　 (C)　　　　　　　 (D)

(140) その官僚は来月から施行になる社会保障保険で快適な老後を過ごせると
　　　 (A)　　　　　 (B)　　　　　　 (C)

自画自賛させている。
　　(D)

VII. 下の＿＿＿＿＿線に入る適当な言葉を(A)から(D)の中で一つ選びなさい。

(141) 鈴木さん、今どこ＿＿＿＿＿いますか。

    (A) で

    (B) と

    (C) に

    (D) へ

(142) すみませんが、ここは何という＿＿＿＿＿ですか。

    (A) もの

    (B) こと

    (C) ほど

    (D) ところ

(143) 箱を開けてみると、何＿＿＿＿＿ありませんでした。

    (A) か

    (B) が

    (C) と

    (D) も

(144) この会社で働いている外国人は全部＿＿＿＿＿5人です。

    (A) で

    (B) に

    (C) と

    (D) まで

(145) 宿題は＿＿＿＿＿終わりましたか。

    (A) もう

    (B) まだ

    (C) いつも

    (D) そんなに

(146) 引っ越しをして家から会社まで＿＿＿＿＿なりました。

    (A) 遠く

    (B) 遠い

    (C) 遠くて

    (D) 遠いに

(147) 暗くならない________、さっさと帰りましょう。

    (A) まえに

    (B) さきに

    (C) うちに

    (D) ところに

(148) 家に帰ると、友達からの手紙が届いて________。

    (A) います

    (B) いました

    (C) あります

    (D) ありました

(149) 財布を________買い物に行ってしまい、また家に戻った。

    (A) 持たずに

    (B) 持てないで

    (C) 待たなくて

    (D) 持ってこなくて

(150) すみませんが、この高速バスは何時に東京を________。

    (A) きますか

    (B) でますか

    (C) つきますか

    (D) かえりますか

(151) 窓の外から子供たちが遊んでいる________が見えた。

    (A) の

    (B) もの

    (C) こと

    (D) ところ

(152) この薬を飲めばすぐ治ると思ったのに、________悪化してしまった。

    (A) あえて

    (B) まもなく

    (C) ずっと

    (D) かえって

(153) 渡辺君は優しいし、＿＿＿＿＿もあってみんなに人気があります。

    (A) バランス

    (B) ユーモア

    (C) ベテラン

    (D) ユニーク

(154) 鈴木君に会うのは高校を卒業＿＿＿＿＿以来、初めてです。

    (A) し

    (B) して

    (C) した

    (D) しよう

(155) あんなに仲のよかった二人がもう別れたなんて、＿＿＿＿＿得ないです。

    (A) ある

    (B) あり

    (C) あった

    (D) あって

(156) 田中さん、何か＿＿＿＿＿か。顔色がよくないですよ。

    (A) おっしゃいました

    (B) ございました

    (C) 拝見しました

    (D)·いたしました

(157) ボランティア活動は性別や年齢＿＿＿＿＿、誰でも参加できます。

    (A) をおいて

    (B) をもって

    (C) はもとより

    (D) を問わず

(158) 一人で十分だと言ったくせに、この＿＿＿＿＿だ。

    (A) 終末

    (B) 始終

    (C) 最中

    (D) 始末

(159) 自分としてはすぐ実行できると思って部長に相談したが、部長は＿＿＿＿＿＿＿返事をした。

    (A) 渋い

    (B) 生々しい

    (C) 険しい

    (D) 古い

(160) 魚は＿＿＿＿＿＿＿うちに料理して食べましょう。

    (A) 新鮮

    (B) 新鮮の

    (C) 新鮮な

    (D) 新鮮で

(161) 年末になると飲酒運転の＿＿＿＿＿＿＿がもっと厳しくなる。

    (A) やくわり

    (B) まなざし

    (C) みなおし

    (D) とりしまり

(162) こんな粗末な物は売れ＿＿＿＿＿＿＿よ。

    (A) っこない

    (B) わけではない

    (C) わけがない

    (D) わけにはいかない

(163) 弟は金遣いが＿＿＿＿＿＿＿母によく叱られる。

    (A) あらくて

    (B) くどくて

    (C) とおくて

    (D) みじかくて

(164) 鈴木君ときたら一度話し出したが＿＿＿＿＿＿＿、最低30分はずっと自分の話をするよ。

    (A) 最初

    (B) 最後

    (C) 始発

    (D) 真ん中

(165) 果たしてこの物価の上昇に＿＿＿＿＿をかける方法はないのだろうか。

    (A) 区切り

    (B) 合図

    (C) 垂れ幕

    (D) 歯止め

(166) 最近、インフルエンザが猛威を＿＿＿＿＿いるそうだから、気を付けてくださいね。

    (A) よぎって

    (B) ふるって

    (C) ふんばって

    (D) つかさどって

(167) 仕事は思ったよりは順調に進んでいるが、まだ完全に軌道に＿＿＿＿＿とは言えない。

    (A) 乗った

    (B) 切った

    (C) 超えた

    (D) 過ぎた

(168) この薬を塗ったら、＿＿＿＿＿血が止まった。

    (A) まさか

    (B) たびたび

    (C) たちどころに

    (D) ひんぱんに

(169) みんな頑張ったが、相手チームが強すぎて＿＿＿＿＿。

    (A) けじめをつけた

    (B) けりがついた

    (C) 二の足を踏んだ

    (D) 手も足も出なかった

(170) 彼女の忠告に＿＿＿＿＿から鱗が落ちたような気持ちだった。

    (A) 手

    (B) 頭

    (C) 目

    (D) 首

Ⅷ. 下の文を読んで、後の問いにもっとも適した答えを(A)から(D)の中で一つ選び
　なさい。

(171～174)

　　今年の冬は例年にない寒さだそうで、小学生の息子の学校もインフルエンザの流行で
学級閉鎖になりました。夜の冷え込みはつらく、我が家でも日が沈む頃から眠る前まで
はエアコンで部屋を暖めます。①________、エアコンをつけると喉が乾燥し、先日の朝
は喉の痛みで目が覚めました。息子がまだお腹にいた当時、喉の乾燥から風邪を引いた
ことがありました。妊婦だった私は強い薬を飲むことができず、なかなか治りませんで
した。すると、看護婦さんが「寝る前に布マスクを濡らして眠ると良いですよ」と教えて
くださいました。②実践してみると、朝、喉の乾燥を感じませんでした。その後、ウイ
ルスは湿度に弱いことを知り、今年の冬も眠る前に濡れたマスクをぬるま湯に浸けて絞
り、つけたまま眠ります。

(171) この人の息子さんの学校が学級閉鎖になった理由は何ですか。
　　　(A) とても寒い日が続いたから
　　　(B) 学校の工事が行われたから
　　　(C) 生徒の数が減ってしまったから
　　　(D) インフルエンザが流行っているから

(172) 本文の内容からみて、①________に入るもっとも適当な言葉は何ですか。
　　　(A) さて
　　　(B) それで
　　　(C) しかも
　　　(D) しかし

(173) この人が先日の朝、喉の痛みで目が覚めた原因は何だと思われますか。
　　　(A) 前の日に雨に降られたから
　　　(B) 普段あまり水を飲まなかったから
　　　(C) エアコンをつけて喉が乾燥したから
　　　(D) その前の日からせきがひどかったから

(174) ②実践してみるとが指しているものは何ですか。
　　　(A) 規則的に水を飲むこと
　　　(B) 強い薬を飲んで眠ること
　　　(C) 布マスクを濡らしてつけたまま眠ること
　　　(D) 風邪を引かないように暖かくして寝ること

> 　夫がブランド品のコートを買った際、記念の年ということで5年連用日記をいただいた。筆無精の夫は一行も書かずにさじを投げたが、家計簿に日々の記録も控えていた私は、つけるのは難しくないと思った。ところが、面と向かった時に5年ということに気が付いた。まず健康面。早々に眼科の手術が控えているし、この先夫婦二人がずっと元気でいられる保証はどこにもない。どちらかが倒れて闘病日記を記すことになるかもしれない。いやいや、悪い方向にばかり考えるのは止そう。8人の孫たちの成長を見守りたい。海外旅行の計画も練ろう。微力ながらご近所の人たちへの手助けも続けたい。そうしたことをつけていこう。久しぶりの快晴の日、雪解けの庭の片隅に木の小さなつぼみを見つけた。日記に早速「①＿＿＿＿＿＿」と書き付けた。

(175) この人の夫が日記をつけるのを諦めた理由は何ですか。

    (A) もともと何かを書くのが苦手だったから

    (B) 毎日日記をつけるのが面倒くさくなったから

    (C) 日記をつけるのを忘れる日が多くなったから

    (D) 仕事が忙しくて日記などつける余裕がなかったから

(176) この人は日記をつけようとした時、何に気が付きましたか。

    (A) つける内容があまり見つからないこと

    (B) 5年間続けてつける日記帳であること

    (C) 家計簿に日々の記録を控えていたこと

    (D) 自分も夫のように何かを書くのが苦手であること

(177) 本文の内容からみて、①＿＿＿＿＿＿に入るもっとも適当な表現は何ですか。

    (A) 春近し

    (B) 春まだ遠し

    (C) 秋近し

    (D) 秋まだ遠し

(178～181)

> 　私にとって①<u>ゆううつな季節</u>がまた巡ってきました。毎日、我が家の前の道路にはケヤキの落ち葉が大量にたまります。毎日の②<u>掃除</u>が大変で、日によって朝と夕方の2回掃かなくてはならないこともあります。竹ぼうきで掃くのですが、時々ぎっくり腰を起こしてしまいます。先日、大手家電販売店に行き、屋外用で落ち葉を吸い取るのに適した電気掃除機はないかと探してみました。でも、適当なものは見当たりませんでした。そこで家電メーカーにお願いしたいのですが、高齢者でも簡単に使え、特に落ち葉の掃除に適した屋外用掃除機を開発していただけないものでしょうか。素人の考えですが、市販の公共用ごみ袋をセットでき、落ち葉やごみがたまれば、取り外してそのままごみを集積場に出せると、助かります。こうした試みは、③＿＿＿＿＿のではないでしょうか。

(178) ①<u>ゆううつな季節</u>の理由として正しいものはどれですか。

    (A) 寒いから厚着をしなければならないから

    (B) 毎日じめじめしていて洗濯物が乾きにくいから

    (C) 毎日家の前にある道路の雪かきをしなければならないから

    (D) 家の前の道路にある落ち葉を掃除しなければならないから

(179) ②<u>掃除</u>についての説明の中で、正しくないものはどれですか。

    (A) 竹ぼうきで掃いている。

    (B) ぎっくり腰を起こしてしまう時もある。

    (C) 朝の掃除はそれほど大変ではない。

    (D) 日によって朝と夕方の2回掃く場合もある。

(180) この人が家電メーカーにお願いしたいことは何ですか。

    (A) 今の掃除機の値段を見直してほしい。

    (B) 小型の屋内外用掃除機を開発してほしい。

    (C) 今の室内掃除機の機能を改善してほしい。

    (D) 落ち葉の掃除に適した屋外用掃除機を開発してほしい。

(181) 本文の内容からみて、③＿＿＿＿＿に入るもっとも適当な表現は何ですか。

    (A) 何の役にも立たない

    (B) 高齢者には迷惑になる

    (C) 高齢者は望んでもいない

    (D) 高齢者たちの生活を助ける

(182～185)

　4Kテレビという製品を電気メーカーが開発したらしい。今のテレビよりさらに高画質の放送が実現できるとのことで、一部では日本のテレビ製品開発の復活の①＿＿＿＿＿のように言われている。確かに、現在の製品を機能で上回るのだろうが、本当に消費者はそれを望むのだろうか。アナログ放送からデジタル放送に移行した時は画質が美しく、同時にデータ放送で情報が補足されるなど、便利さは実感できた。②<u>新しいテレビ放送の時代</u>を迎えた実感があった。だが、今度の4K規格はどうなのだろう。今のデジタル放送の画質やサービスに、買い替えたくなるほどの不満を持っている人がどれぐらいいるのか。目移りするような新製品を次々開発するより、長く家族の一員のように存在し続ける家電製品の開発にかじを取り直すことは、もうできないのだろうか。

(182) 本文の内容からみて、①＿＿＿＿＿に入るもっとも適当な言葉は何ですか。

　　　(A) 切り札
　　　(B) 盛り場
　　　(C) 後戻り
　　　(D) 瀬戸際

(183) この人は今のデジタル放送についてどう思っていますか。

　　　(A) アナログ放送の方がよかった。
　　　(B) アナログ放送との違いがあまりない。
　　　(C) デジタル放送を4Kテレビに早く変えたい。
　　　(D) 買い替えたくなるほどの不満は持っていない。

(184) ②<u>新しいテレビ放送の時代</u>が指しているものは何ですか。

　　　(A) 4K放送の時代
　　　(B) アナログ放送の時代
　　　(C) デジタル放送の時代
　　　(D) アナログとデジタル放送融合の時代

(185) この人の主張として正しいものはどれですか。

　　　(A) 4Kテレビへの移行を急いでほしい。
　　　(B) テレビの機能面の改善を急いでほしい。
　　　(C) 消費者の方を向いたテレビ開発をしてほしい。
　　　(D) 多くの人が4Kテレビの便利さを実感してほしい。

(186~189)

　海外旅行のため旅券発給申請書をもらってきた。生年月日記入欄は元号を選ぶように
なっていたので、これはちょっとおかしいと思った。①＿＿＿＿＿＿、自分の旅券を調べて
みると生年月日は西暦表記になっている。ということは、役所の職員は旅券作業時に1件
ずつ、昭和や平成を西暦に直して入力しているのだろうか。外国では、日本の運転免許
証など公的身分証明書が年齢確認の役に立たないことが多い。生年月日が元号表記だか
らだ。民間企業と異なり、官公庁への提出書類は元号を使わなければ受理されない場合
が多い。政府は国家の将来の計画を立てる際にも元号を使っているのだろうか。例えば
100年後までの計画で、「平成124年には…」とするのか。元号を廃止せよとは言わない。
しかし、西暦優先にした方が確実に役所の業務は合理化できるし、在日外国人にまで元
号を強制する理由が私には理解できない。

(186) この人はどうしておかしいと思いましたか。

    (A) 旅券発給申請書に生年月日記入欄がなかったから

    (B) 旅券発給申請書の生年月日記入欄が西暦表記になっていたから

    (C) 旅券発給申請書と自分の旅券の生年月日の表記が同じだったから

    (D) 旅券発給申請書と自分の旅券の生年月日の表記が異なっていたから

(187) 本文の内容からみて、①＿＿＿＿＿＿に入るもっとも適当な表現は何ですか。

    (A) 一方

    (B) にもかかわらず

    (C) それはいざ知らず

    (D) それはさておいて

(188) 外国で日本の公的身分証明書が年齢確認の役に立たない理由は何ですか。

    (A) 生年月日を書く欄が存在しないから

    (B) 生年月日が元号表記になっているから

    (C) 実際の生年月日と異なる場合が多いから

    (D) 生年月日が全部漢字で書かれているから

(189) この人の主張として正しいものはどれですか。

    (A) 役所も西暦優先表記を採用してほしい。

    (B) 民間企業にも元号表記を広げてほしい。

    (C) 在日外国人は元号表記に慣れてほしい。

    (D) 官公庁への提出書類での西暦表記は止めてほしい。

(190〜192)

> 　①中国の大気汚染の問題で日本への影響が②________されている。大気汚染と聞くと私は、石油化学コンビナートによる四日市ぜんそくや、排気ガスによる光化学スモッグを思い出す。中国の大気汚染の範囲は日本領土の数倍にも及ぶという。テレビでは北京は濃霧でかすみ、街歩く人々はマスクで口を覆っていた。母親に病院に連れてこられた子供たちもいて、深刻な事態であると痛感した。
> 　大気汚染物質は微小粒子状で、ディーゼル車や工場の排気ガスなどに含まれているという。肺に吸い込まれるとぜんそくなどの疾患の原因になるというから、四日市ぜんそくとも似ている。これから大陸からの黄砂に見舞われる時期でもあり、西日本を中心に大気汚染物質の到来が心配だ。我が国としても被害状況に関する正確な調査が必要であり、防止策を早急に打ち出さなければならないと思う。もちろん、中国は周辺国に被害を及ぼしている事態を重大に受け止め、的確な改善策を講じてほしい。

(190)　①中国の大気汚染についての説明の中で、正しくないものはどれですか。

　　(A) 大気汚染の範囲は日本領土の数倍にも及ぶ。

　　(B) 大気汚染物質は黄砂と一緒に日本に飛んでくる場合が多い。

　　(C) 大気汚染物質はディーゼル車や工場の排気ガスなどに含まれている。

　　(D) 大気汚染物質が肺に吸い込まれるとぜんそくなどの疾患の原因になる。

(191)　本文の内容からみて、②________に入るもっとも適当な言葉は何ですか。

　　(A) 上等
　　(B) 懸念
　　(C) 錯覚
　　(D) 思惑

(192)　この人の考えと合っていないものはどれですか

　　(A) 中国は的確な大気汚染改善策を講じるべきだ。

　　(B) 日本は大気汚染防止策を早急に打ち出すべきだ。

　　(C) 日本は大気汚染の被害状況に関する正確な調査が必要だ。

　　(D) 中国は黄砂の原因となる砂漠化防止策を早急に打ち出すべきだ。

(193～196)

> オレオレ詐欺の被害の報道が相変わらず多い。それを読むたびに、「自分の子供の声が分からないのだろうか」と思っていた。でも、自分も、息子の声を久しく聞いていないことに気付いた。10年前に携帯電話を購入して以来、息子との連絡は①もっぱらメールになった。メールなら忙しい息子のことを案ずることなく、いつでも用件を伝えられる。息子は都合のよい時に返事を返してくれる。息子とはメールで会う時間の約束をしたり、会った後のお礼を伝えたりするようになり、電話で話すのは息子の妻や孫、友達だけになった。
>
> 生前の母とは受話器を取ると、「ああ、花子ちゃん」と嬉しそうな声で話し始めた。その声は、母が亡くなって10数年経った今も懐かしく、暖かな温もりと共に鮮やかに蘇る。②________メールを止めてみよう。そして、自分の子供たちの声をしっかり頭に刻みたいと思う。

(193) この人はどんなことに気が付きましたか。

 (A) 自分も息子の声を久しく聞いていないこと

 (B) 自分の子供の声が分からない親が多いこと

 (C) 自分もオレオレ詐欺の被害に遭ったことがあること

 (D) オレオレ詐欺の被害の報道が相変わらず多いこと

(194) ①もっぱらメールになったの理由として正しいものはどれですか。

 (A) 直接電話して言いたいことが言うのが苦手だから

 (B) 息子さんと直接電話するよりメールの方が料金が安いから

 (C) 息子さんの忙しさを案ずることなくいつでも用件が伝えられるから

 (D) 息子さんに忙しいからなるべく電話しないでほしいと言われたから

(195) 本文の内容からみて、②________に入るもっとも適当な言葉は何ですか。

 (A) 一概に

 (B) ちなみに

 (C) どことなく

 (D) 思い切って

(196) この人の考えと合っているものはどれですか。

 (A) 親子の絆はメールでも十分確認できる。

 (B) 親子の絆はメールより電話で確認しよう。

 (C) 親子のメールのやりとりは子供には迷惑である。

 (D) 親子のメールのやりとりは都合のよい時に限ってやろう。

(197〜200)

　新聞では、景気の良い記事をよく見かける。「円安が更新」「株価、最高値を塗り替え」といった具合だ。その中で「12年の非正社員、35.2%」という見出しの小さな記事に①________。総務省の昨年の労働力調査詳細集計で、派遣やパートで働く非正規労働者が雇用者に占める割合が前年より0.1ポイント増え35.2%となり、3年連続で過去最高を更新したという。雇用情勢は依然として厳しいのだ。デフレ脱却を叫ぶ今の政権は、2%のインフレ目標を掲げる。それでなくても灯油・ガソリンの価格は上がり続け、小麦粉や電気料金も値上げラッシュだ。これは低収入にあえぐ非正規労働者を直撃する。怖いのは、収入より生活費が先に上昇することだ。そうなれば消費はさらに冷え込むだろう。値上がりするからといって彼らが急いで物を買い、景気上昇に繋がるとは考えられない。働く人の3分の1以上を占める非正規労働者の待遇改善なくして、消費増は期待できない。今の政権は非正規労働者が増える状況を変え、安心して働ける仕組み作りを急ぐべきだ。

(197) 本文の内容からみて、①________ に入るもっとも適当な表現は何ですか。

    (A) はっとした

    (B) ほっとした

    (C) すっきりした

    (D) きっちりした

(198) 総務省の昨年の労働力調査でどんなことが分かりますか。

    (A) 正社員が大幅に増加していること

    (B) 雇用環境に大きな変化はないこと

    (C) 雇用環境が改善されつつあること

    (D) 相変わらず雇用情勢が厳しいこと

(199) この人は消費を増加させるためには何が必要だと言っていますか。

    (A) デフレからの脱却

    (B) 円安と株価の上昇

    (C) 質のいい商品の開発

    (D) 非正規労働者の待遇改善

(200) この人の考えと合っているものはどれですか。

    (A) 非正規労働者はもっと消費を控えるべきだ。

    (B) 政府は非正規労働者の雇用対策を急ぐべきだ。

    (C) 非正規労働者の増加を一概に悪いとは言えない。

    (D) 非正規労働者の増加は時代の流れで従うしかない。

실전 모의고사 1회~5회 정답

실전 모의고사 1회~5회 답안용지

청해 (1~100)

PART 1 사진 묘사

1	2	3	4	5	6	7	8	9	10
B	C	B	D	D	A	D	D	A	D

11	12	13	14	15	16	17	18	19	20
A	D	D	B	C	C	A	D	A	C

PART 2 질의 응답

21	22	23	24	25	26	27	28	29	30
A	D	B	B	C	A	B	A	D	C

31	32	33	34	35	36	37	38	39	40
B	A	C	D	A	B	A	D	D	B

41	42	43	44	45	46	47	48	49	50
A	C	C	C	B	B	A	B	C	A

PART 3 회화문

51	52	53	54	55	56	57	58	59	60
C	C	C	C	C	D	D	C	C	C

61	62	63	64	65	66	67	68	69	70
B	D	D	C	D	D	D	B	C	B

71	72	73	74	75	76	77	78	79	80
A	C	D	D	B	D	D	B	B	D

PART 4 설명문

81	82	83	84	85	86	87	88	89	90
D	D	C	C	B	D	C	A	B	A

91	92	93	94	95	96	97	98	99	100
D	D	C	C	A	C	D	A	D	A

독해 (101~200)

PART 5 정답 찾기

101	102	103	104	105	106	107	108	109	110
B	C	C	A	A	B	B	B	D	C
111	112	113	114	115	116	117	118	119	120
A	C	A	C	C	C	D	A	A	D

PART 6 오문 정정

121	122	123	124	125	126	127	128	129	130
C	C	C	C	C	D	B	D	C	B
131	132	133	134	135	136	137	138	139	140
D	A	C	D	D	C	D	B	D	C

PART 7 공란 메우기

141	142	143	144	145	146	147	148	149	150
B	B	B	D	C	B	A	C	B	C
151	152	153	154	155	156	157	158	159	160
B	B	B	C	D	B	B	D	D	D
161	162	163	164	165	166	167	168	169	170
A	B	C	A	B	C	B	D	A	B

PART 8 독해

171	172	173	174	175	176	177	178	179	180
D	A	C	A	A	D	D	A	C	C
181	182	183	184	185	186	187	188	189	190
D	D	C	D	B	D	C	C	A	D
191	192	193	194	195	196	197	198	199	200
D	A	B	D	C	B	C	B	A	A

청해 (1~100)

PART 1 사진 묘사

1	2	3	4	5	6	7	8	9	10
D	A	B	D	A	C	A	A	B	C

11	12	13	14	15	16	17	18	19	20
A	B	D	A	C	A	B	D	D	B

PART 2 질의 응답

21	22	23	24	25	26	27	28	29	30
D	D	B	B	D	A	C	A	A	D

31	32	33	34	35	36	37	38	39	40
A	A	A	D	B	C	B	C	D	C

41	42	43	44	45	46	47	48	49	50
C	C	D	C	A	B	A	C	A	B

PART 3 회화문

51	52	53	54	55	56	57	58	59	60
C	B	C	B	D	B	C	D	C	A

61	62	63	64	65	66	67	68	69	70
B	C	B	C	C	D	A	D	B	B

71	72	73	74	75	76	77	78	79	80
B	B	A	A	C	D	D	C	B	A

PART 4 설명문

81	82	83	84	85	86	87	88	89	90
B	A	D	D	A	D	D	B	D	C

91	92	93	94	95	96	97	98	99	100
C	D	D	B	D	C	D	D	D	A

독해 (101~200)

PART 5 정답 찾기

101	102	103	104	105	106	107	108	109	110
A	D	D	C	A	A	D	C	A	A
111	112	113	114	115	116	117	118	119	120
B	A	A	A	C	A	C	A	B	D

PART 6 오문 정정

121	122	123	124	125	126	127	128	129	130
D	A	C	B	D	B	C	B	C	D
131	132	133	134	135	136	137	138	139	140
D	B	A	C	C	C	D	A	A	B

PART 7 공란 메우기

141	142	143	144	145	146	147	148	149	150
A	A	B	A	D	B	B	A	A	B
151	152	153	154	155	156	157	158	159	160
B	B	D	D	A	D	A	C	B	C
161	162	163	164	165	166	167	168	169	170
D	D	A	A	C	C	B	C	D	A

PART 8 독해

171	172	173	174	175	176	177	178	179	180
C	C	B	A	A	C	D	D	C	A
181	182	183	184	185	186	187	188	189	190
A	B	D	C	B	C	A	C	B	C
191	192	193	194	195	196	197	198	199	200
B	A	D	D	B	B	D	A	B	C

청해 (1~100)

PART 1 사진 묘사

1	2	3	4	5	6	7	8	9	10
B	B	C	D	C	D	C	B	A	D
11	12	13	14	15	16	17	18	19	20
A	D	C	D	B	B	B	A	B	C

PART 2 질의 응답

21	22	23	24	25	26	27	28	29	30
B	B	D	C	C	A	C	B	B	D
31	32	33	34	35	36	37	38	39	40
A	D	C	C	C	D	B	B	C	D
41	42	43	44	45	46	47	48	49	50
B	C	D	B	A	A	A	D	A	B

PART 3 회화문

51	52	53	54	55	56	57	58	59	60
A	A	D	C	B	B	D	C	C	D
61	62	63	64	65	66	67	68	69	70
A	D	D	A	C	B	D	D	D	D
71	72	73	74	75	76	77	78	79	80
A	D	A	B	D	D	C	D	B	A

PART 4 설명문

81	82	83	84	85	86	87	88	89	90
C	A	B	B	C	D	B	D	D	C
91	92	93	94	95	96	97	98	99	100
C	B	B	B	A	B	A	A	A	D

독해 (101~200)

PART 5 정답 찾기

101	102	103	104	105	106	107	108	109	110
C	D	C	A	C	B	B	C	B	A
111	112	113	114	115	116	117	118	119	120
A	A	B	A	B	A	C	B	C	B

PART 6 오문 정정

121	122	123	124	125	126	127	128	129	130
C	D	A	B	D	C	B	B	A	C
131	132	133	134	135	136	137	138	139	140
A	A	A	A	C	B	D	C	A	B

PART 7 공란 메우기

141	142	143	144	145	146	147	148	149	150
C	D	C	D	D	C	A	D	A	A
151	152	153	154	155	156	157	158	159	160
B	C	A	A	A	A	C	C	D	A
161	162	163	164	165	166	167	168	169	170
C	A	A	C	A	B	C	A	D	D

PART 8 독해

171	172	173	174	175	176	177	178	179	180
D	C	A	D	B	A	C	A	D	B
181	182	183	184	185	186	187	188	189	190
D	A	C	D	C	B	A	C	D	D
191	192	193	194	195	196	197	198	199	200
B	A	C	C	C	C	D	A	D	A

청해 (1~100)

PART 1 사진 묘사

1	2	3	4	5	6	7	8	9	10
C	A	B	C	D	C	A	A	D	C

11	12	13	14	15	16	17	18	19	20
A	A	C	D	B	C	A	C	B	B

PART 2 질의 응답

21	22	23	24	25	26	27	28	29	30
A	C	A	A	A	D	D	A	B	D

31	32	33	34	35	36	37	38	39	40
B	D	B	D	B	C	B	A	B	B

41	42	43	44	45	46	47	48	49	50
D	A	D	B	D	B	A	A	A	B

PART 3 회화문

51	52	53	54	55	56	57	58	59	60
B	C	B	C	C	B	A	D	A	D

61	62	63	64	65	66	67	68	69	70
D	A	D	B	D	B	B	C	C	D

71	72	73	74	75	76	77	78	79	80
D	A	B	C	B	C	A	D	C	D

PART 4 설명문

81	82	83	84	85	86	87	88	89	90
B	A	A	A	A	D	A	D	D	B

91	92	93	94	95	96	97	98	99	100
B	B	D	A	C	A	B	A	B	A

독해 (101~200)

PART 5 정답 찾기

101	102	103	104	105	106	107	108	109	110
A	C	C	D	C	B	B	B	A	D
111	112	113	114	115	116	117	118	119	120
C	A	C	B	A	D	B	C	B	D

PART 6 오문 정정

121	122	123	124	125	126	127	128	129	130
A	D	A	D	B	A	C	C	C	C
131	132	133	134	135	136	137	138	139	140
D	A	C	A	B	C	A	A	B	B

PART 7 공란 메우기

141	142	143	144	145	146	147	148	149	150
D	C	A	A	A	C	A	A	D	D
151	152	153	154	155	156	157	158	159	160
C	A	B	C	B	B	A	A	B	D
161	162	163	164	165	166	167	168	169	170
A	A	D	C	B	B	A	B	B	D

PART 8 독해

171	172	173	174	175	176	177	178	179	180
D	C	A	D	B	D	A	A	B	C
181	182	183	184	185	186	187	188	189	190
D	B	D	D	B	C	C	C	C	A
191	192	193	194	195	196	197	198	199	200
B	B	D	C	D	B	B	D	D	A

청해 (1~100)

PART 1 사진 묘사

1	2	3	4	5	6	7	8	9	10
A	D	B	A	D	B	D	B	B	A
11	12	13	14	15	16	17	18	19	20
D	B	C	A	A	B	B	D	B	C

PART 2 질의 응답

21	22	23	24	25	26	27	28	29	30
D	A	A	A	B	A	A	D	D	D
31	32	33	34	35	36	37	38	39	40
A	C	D	B	B	C	B	A	A	A
41	42	43	44	45	46	47	48	49	50
A	C	B	C	B	C	B	C	D	C

PART 3 회화문

51	52	53	54	55	56	57	58	59	60
C	D	B	C	D	C	A	A	D	A
61	62	63	64	65	66	67	68	69	70
C	C	C	A	D	A	B	B	D	D
71	72	73	74	75	76	77	78	79	80
C	D	D	C	B	D	D	B	B	A

PART 4 설명문

81	82	83	84	85	86	87	88	89	90
C	A	A	A	A	C	C	C	B	C
91	92	93	94	95	96	97	98	99	100
D	A	C	C	B	D	A	A	D	C

독해 (101~200)

PART 5 정답 찾기

101	102	103	104	105	106	107	108	109	110
B	B	B	B	B	A	C	D	C	B
111	112	113	114	115	116	117	118	119	120
B	A	A	C	D	D	D	B	D	D

PART 6 오문 정정

121	122	123	124	125	126	127	128	129	130
A	B	B	D	D	B	D	C	B	A
131	132	133	134	135	136	137	138	139	140
C	C	D	B	C	B	B	C	C	C

PART 7 공란 메우기

141	142	143	144	145	146	147	148	149	150
C	D	D	A	A	A	C	B	A	B
151	152	153	154	155	156	157	158	159	160
A	D	B	B	B	B	D	D	A	C
161	162	163	164	165	166	167	168	169	170
D	A	A	B	D	B	A	C	D	C

PART 8 독해

171	172	173	174	175	176	177	178	179	180
D	D	C	C	A	B	A	D	C	D
181	182	183	184	185	186	187	188	189	190
D	A	D	C	C	D	A	B	A	B
191	192	193	194	195	196	197	198	199	200
B	D	A	C	D	B	A	D	D	B

MEMO

ANSWER SHEET

수험번호

성명	한글	
	한자	
	영자	

좌석번호

Ⓐ Ⓑ Ⓒ Ⓓ Ⓔ
① ② ③ ④ ⑤ ⑥ ⑦

聴 解

NO	ANSWER	NO	ANSWER	NO	ANSWER	NO	ANSWER	NO	ANSWER
	A B C D		A B C D		A B C D		A B C D		A B C D
1	ⓐ ⓑ ⓒ ⓓ	21	ⓐ ⓑ ⓒ ⓓ	41	ⓐ ⓑ ⓒ ⓓ	61	ⓐ ⓑ ⓒ ⓓ	81	ⓐ ⓑ ⓒ ⓓ
2	ⓐ ⓑ ⓒ ⓓ	22	ⓐ ⓑ ⓒ ⓓ	42	ⓐ ⓑ ⓒ ⓓ	62	ⓐ ⓑ ⓒ ⓓ	82	ⓐ ⓑ ⓒ ⓓ
3	ⓐ ⓑ ⓒ ⓓ	23	ⓐ ⓑ ⓒ ⓓ	43	ⓐ ⓑ ⓒ ⓓ	63	ⓐ ⓑ ⓒ ⓓ	83	ⓐ ⓑ ⓒ ⓓ
4	ⓐ ⓑ ⓒ ⓓ	24	ⓐ ⓑ ⓒ ⓓ	44	ⓐ ⓑ ⓒ ⓓ	64	ⓐ ⓑ ⓒ ⓓ	84	ⓐ ⓑ ⓒ ⓓ
5	ⓐ ⓑ ⓒ ⓓ	25	ⓐ ⓑ ⓒ ⓓ	45	ⓐ ⓑ ⓒ ⓓ	65	ⓐ ⓑ ⓒ ⓓ	85	ⓐ ⓑ ⓒ ⓓ
6	ⓐ ⓑ ⓒ ⓓ	26	ⓐ ⓑ ⓒ ⓓ	46	ⓐ ⓑ ⓒ ⓓ	66	ⓐ ⓑ ⓒ ⓓ	86	ⓐ ⓑ ⓒ ⓓ
7	ⓐ ⓑ ⓒ ⓓ	27	ⓐ ⓑ ⓒ ⓓ	47	ⓐ ⓑ ⓒ ⓓ	67	ⓐ ⓑ ⓒ ⓓ	87	ⓐ ⓑ ⓒ ⓓ
8	ⓐ ⓑ ⓒ ⓓ	28	ⓐ ⓑ ⓒ ⓓ	48	ⓐ ⓑ ⓒ ⓓ	68	ⓐ ⓑ ⓒ ⓓ	88	ⓐ ⓑ ⓒ ⓓ
9	ⓐ ⓑ ⓒ ⓓ	29	ⓐ ⓑ ⓒ ⓓ	49	ⓐ ⓑ ⓒ ⓓ	69	ⓐ ⓑ ⓒ ⓓ	89	ⓐ ⓑ ⓒ ⓓ
10	ⓐ ⓑ ⓒ ⓓ	30	ⓐ ⓑ ⓒ ⓓ	50	ⓐ ⓑ ⓒ ⓓ	70	ⓐ ⓑ ⓒ ⓓ	90	ⓐ ⓑ ⓒ ⓓ
11	ⓐ ⓑ ⓒ ⓓ	31	ⓐ ⓑ ⓒ ⓓ	51	ⓐ ⓑ ⓒ ⓓ	71	ⓐ ⓑ ⓒ ⓓ	91	ⓐ ⓑ ⓒ ⓓ
12	ⓐ ⓑ ⓒ ⓓ	32	ⓐ ⓑ ⓒ ⓓ	52	ⓐ ⓑ ⓒ ⓓ	72	ⓐ ⓑ ⓒ ⓓ	92	ⓐ ⓑ ⓒ ⓓ
13	ⓐ ⓑ ⓒ ⓓ	33	ⓐ ⓑ ⓒ ⓓ	53	ⓐ ⓑ ⓒ ⓓ	73	ⓐ ⓑ ⓒ ⓓ	93	ⓐ ⓑ ⓒ ⓓ
14	ⓐ ⓑ ⓒ ⓓ	34	ⓐ ⓑ ⓒ ⓓ	54	ⓐ ⓑ ⓒ ⓓ	74	ⓐ ⓑ ⓒ ⓓ	94	ⓐ ⓑ ⓒ ⓓ
15	ⓐ ⓑ ⓒ ⓓ	35	ⓐ ⓑ ⓒ ⓓ	55	ⓐ ⓑ ⓒ ⓓ	75	ⓐ ⓑ ⓒ ⓓ	95	ⓐ ⓑ ⓒ ⓓ
16	ⓐ ⓑ ⓒ ⓓ	36	ⓐ ⓑ ⓒ ⓓ	56	ⓐ ⓑ ⓒ ⓓ	76	ⓐ ⓑ ⓒ ⓓ	96	ⓐ ⓑ ⓒ ⓓ
17	ⓐ ⓑ ⓒ ⓓ	37	ⓐ ⓑ ⓒ ⓓ	57	ⓐ ⓑ ⓒ ⓓ	77	ⓐ ⓑ ⓒ ⓓ	97	ⓐ ⓑ ⓒ ⓓ
18	ⓐ ⓑ ⓒ ⓓ	38	ⓐ ⓑ ⓒ ⓓ	58	ⓐ ⓑ ⓒ ⓓ	78	ⓐ ⓑ ⓒ ⓓ	98	ⓐ ⓑ ⓒ ⓓ
19	ⓐ ⓑ ⓒ ⓓ	39	ⓐ ⓑ ⓒ ⓓ	59	ⓐ ⓑ ⓒ ⓓ	79	ⓐ ⓑ ⓒ ⓓ	99	ⓐ ⓑ ⓒ ⓓ
20	ⓐ ⓑ ⓒ ⓓ	40	ⓐ ⓑ ⓒ ⓓ	60	ⓐ ⓑ ⓒ ⓓ	80	ⓐ ⓑ ⓒ ⓓ	100	ⓐ ⓑ ⓒ ⓓ

読 解

NO	ANSWER	NO	ANSWER	NO	ANSWER	NO	ANSWER	NO	ANSWER
	A B C D		A B C D		A B C D		A B C D		A B C D
101	ⓐ ⓑ ⓒ ⓓ	121	ⓐ ⓑ ⓒ ⓓ	141	ⓐ ⓑ ⓒ ⓓ	161	ⓐ ⓑ ⓒ ⓓ	181	ⓐ ⓑ ⓒ ⓓ
102	ⓐ ⓑ ⓒ ⓓ	122	ⓐ ⓑ ⓒ ⓓ	142	ⓐ ⓑ ⓒ ⓓ	162	ⓐ ⓑ ⓒ ⓓ	182	ⓐ ⓑ ⓒ ⓓ
103	ⓐ ⓑ ⓒ ⓓ	123	ⓐ ⓑ ⓒ ⓓ	143	ⓐ ⓑ ⓒ ⓓ	163	ⓐ ⓑ ⓒ ⓓ	183	ⓐ ⓑ ⓒ ⓓ
104	ⓐ ⓑ ⓒ ⓓ	124	ⓐ ⓑ ⓒ ⓓ	144	ⓐ ⓑ ⓒ ⓓ	164	ⓐ ⓑ ⓒ ⓓ	184	ⓐ ⓑ ⓒ ⓓ
105	ⓐ ⓑ ⓒ ⓓ	125	ⓐ ⓑ ⓒ ⓓ	145	ⓐ ⓑ ⓒ ⓓ	165	ⓐ ⓑ ⓒ ⓓ	185	ⓐ ⓑ ⓒ ⓓ
106	ⓐ ⓑ ⓒ ⓓ	126	ⓐ ⓑ ⓒ ⓓ	146	ⓐ ⓑ ⓒ ⓓ	166	ⓐ ⓑ ⓒ ⓓ	186	ⓐ ⓑ ⓒ ⓓ
107	ⓐ ⓑ ⓒ ⓓ	127	ⓐ ⓑ ⓒ ⓓ	147	ⓐ ⓑ ⓒ ⓓ	167	ⓐ ⓑ ⓒ ⓓ	187	ⓐ ⓑ ⓒ ⓓ
108	ⓐ ⓑ ⓒ ⓓ	128	ⓐ ⓑ ⓒ ⓓ	148	ⓐ ⓑ ⓒ ⓓ	168	ⓐ ⓑ ⓒ ⓓ	188	ⓐ ⓑ ⓒ ⓓ
109	ⓐ ⓑ ⓒ ⓓ	129	ⓐ ⓑ ⓒ ⓓ	149	ⓐ ⓑ ⓒ ⓓ	169	ⓐ ⓑ ⓒ ⓓ	189	ⓐ ⓑ ⓒ ⓓ
110	ⓐ ⓑ ⓒ ⓓ	130	ⓐ ⓑ ⓒ ⓓ	150	ⓐ ⓑ ⓒ ⓓ	170	ⓐ ⓑ ⓒ ⓓ	190	ⓐ ⓑ ⓒ ⓓ
111	ⓐ ⓑ ⓒ ⓓ	131	ⓐ ⓑ ⓒ ⓓ	151	ⓐ ⓑ ⓒ ⓓ	171	ⓐ ⓑ ⓒ ⓓ	191	ⓐ ⓑ ⓒ ⓓ
112	ⓐ ⓑ ⓒ ⓓ	132	ⓐ ⓑ ⓒ ⓓ	152	ⓐ ⓑ ⓒ ⓓ	172	ⓐ ⓑ ⓒ ⓓ	192	ⓐ ⓑ ⓒ ⓓ
113	ⓐ ⓑ ⓒ ⓓ	133	ⓐ ⓑ ⓒ ⓓ	153	ⓐ ⓑ ⓒ ⓓ	173	ⓐ ⓑ ⓒ ⓓ	193	ⓐ ⓑ ⓒ ⓓ
114	ⓐ ⓑ ⓒ ⓓ	134	ⓐ ⓑ ⓒ ⓓ	154	ⓐ ⓑ ⓒ ⓓ	174	ⓐ ⓑ ⓒ ⓓ	194	ⓐ ⓑ ⓒ ⓓ
115	ⓐ ⓑ ⓒ ⓓ	135	ⓐ ⓑ ⓒ ⓓ	155	ⓐ ⓑ ⓒ ⓓ	175	ⓐ ⓑ ⓒ ⓓ	195	ⓐ ⓑ ⓒ ⓓ
116	ⓐ ⓑ ⓒ ⓓ	136	ⓐ ⓑ ⓒ ⓓ	156	ⓐ ⓑ ⓒ ⓓ	176	ⓐ ⓑ ⓒ ⓓ	196	ⓐ ⓑ ⓒ ⓓ
117	ⓐ ⓑ ⓒ ⓓ	137	ⓐ ⓑ ⓒ ⓓ	157	ⓐ ⓑ ⓒ ⓓ	177	ⓐ ⓑ ⓒ ⓓ	197	ⓐ ⓑ ⓒ ⓓ
118	ⓐ ⓑ ⓒ ⓓ	138	ⓐ ⓑ ⓒ ⓓ	158	ⓐ ⓑ ⓒ ⓓ	178	ⓐ ⓑ ⓒ ⓓ	198	ⓐ ⓑ ⓒ ⓓ
119	ⓐ ⓑ ⓒ ⓓ	139	ⓐ ⓑ ⓒ ⓓ	159	ⓐ ⓑ ⓒ ⓓ	179	ⓐ ⓑ ⓒ ⓓ	199	ⓐ ⓑ ⓒ ⓓ
120	ⓐ ⓑ ⓒ ⓓ	140	ⓐ ⓑ ⓒ ⓓ	160	ⓐ ⓑ ⓒ ⓓ	180	ⓐ ⓑ ⓒ ⓓ	200	ⓐ ⓑ ⓒ ⓓ

ANSWER SHEET

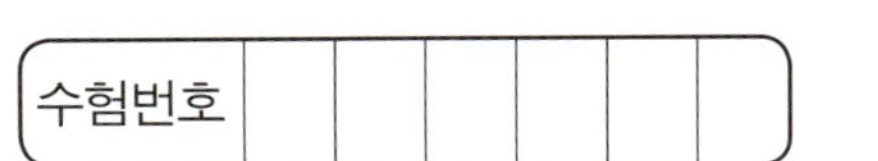

수험번호 | | | | | |

성명 — 한글 / 한자 / 영자

좌석번호: Ⓐ Ⓑ Ⓒ Ⓓ Ⓔ / ① ② ③ ④ ⑤ ⑥ ⑦

聽 解

NO	ANSWER A B C D	NO	ANSWER A B C D	NO	ANSWER A B C D	NO	ANSWER A B C D	NO	ANSWER A B C D
1	ⓐ ⓑ ⓒ ⓓ	21	ⓐ ⓑ ⓒ ⓓ	41	ⓐ ⓑ ⓒ ⓓ	61	ⓐ ⓑ ⓒ ⓓ	81	ⓐ ⓑ ⓒ ⓓ
2	ⓐ ⓑ ⓒ ⓓ	22	ⓐ ⓑ ⓒ ⓓ	42	ⓐ ⓑ ⓒ ⓓ	62	ⓐ ⓑ ⓒ ⓓ	82	ⓐ ⓑ ⓒ ⓓ
3	ⓐ ⓑ ⓒ ⓓ	23	ⓐ ⓑ ⓒ ⓓ	43	ⓐ ⓑ ⓒ ⓓ	63	ⓐ ⓑ ⓒ ⓓ	83	ⓐ ⓑ ⓒ ⓓ
4	ⓐ ⓑ ⓒ ⓓ	24	ⓐ ⓑ ⓒ ⓓ	44	ⓐ ⓑ ⓒ ⓓ	64	ⓐ ⓑ ⓒ ⓓ	84	ⓐ ⓑ ⓒ ⓓ
5	ⓐ ⓑ ⓒ ⓓ	25	ⓐ ⓑ ⓒ ⓓ	45	ⓐ ⓑ ⓒ ⓓ	65	ⓐ ⓑ ⓒ ⓓ	85	ⓐ ⓑ ⓒ ⓓ
6	ⓐ ⓑ ⓒ ⓓ	26	ⓐ ⓑ ⓒ ⓓ	46	ⓐ ⓑ ⓒ ⓓ	66	ⓐ ⓑ ⓒ ⓓ	86	ⓐ ⓑ ⓒ ⓓ
7	ⓐ ⓑ ⓒ ⓓ	27	ⓐ ⓑ ⓒ ⓓ	47	ⓐ ⓑ ⓒ ⓓ	67	ⓐ ⓑ ⓒ ⓓ	87	ⓐ ⓑ ⓒ ⓓ
8	ⓐ ⓑ ⓒ ⓓ	28	ⓐ ⓑ ⓒ ⓓ	48	ⓐ ⓑ ⓒ ⓓ	68	ⓐ ⓑ ⓒ ⓓ	88	ⓐ ⓑ ⓒ ⓓ
9	ⓐ ⓑ ⓒ ⓓ	29	ⓐ ⓑ ⓒ ⓓ	49	ⓐ ⓑ ⓒ ⓓ	69	ⓐ ⓑ ⓒ ⓓ	89	ⓐ ⓑ ⓒ ⓓ
10	ⓐ ⓑ ⓒ ⓓ	30	ⓐ ⓑ ⓒ ⓓ	50	ⓐ ⓑ ⓒ ⓓ	70	ⓐ ⓑ ⓒ ⓓ	90	ⓐ ⓑ ⓒ ⓓ
11	ⓐ ⓑ ⓒ ⓓ	31	ⓐ ⓑ ⓒ ⓓ	51	ⓐ ⓑ ⓒ ⓓ	71	ⓐ ⓑ ⓒ ⓓ	91	ⓐ ⓑ ⓒ ⓓ
12	ⓐ ⓑ ⓒ ⓓ	32	ⓐ ⓑ ⓒ ⓓ	52	ⓐ ⓑ ⓒ ⓓ	72	ⓐ ⓑ ⓒ ⓓ	92	ⓐ ⓑ ⓒ ⓓ
13	ⓐ ⓑ ⓒ ⓓ	33	ⓐ ⓑ ⓒ ⓓ	53	ⓐ ⓑ ⓒ ⓓ	73	ⓐ ⓑ ⓒ ⓓ	93	ⓐ ⓑ ⓒ ⓓ
14	ⓐ ⓑ ⓒ ⓓ	34	ⓐ ⓑ ⓒ ⓓ	54	ⓐ ⓑ ⓒ ⓓ	74	ⓐ ⓑ ⓒ ⓓ	94	ⓐ ⓑ ⓒ ⓓ
15	ⓐ ⓑ ⓒ ⓓ	35	ⓐ ⓑ ⓒ ⓓ	55	ⓐ ⓑ ⓒ ⓓ	75	ⓐ ⓑ ⓒ ⓓ	95	ⓐ ⓑ ⓒ ⓓ
16	ⓐ ⓑ ⓒ ⓓ	36	ⓐ ⓑ ⓒ ⓓ	56	ⓐ ⓑ ⓒ ⓓ	76	ⓐ ⓑ ⓒ ⓓ	96	ⓐ ⓑ ⓒ ⓓ
17	ⓐ ⓑ ⓒ ⓓ	37	ⓐ ⓑ ⓒ ⓓ	57	ⓐ ⓑ ⓒ ⓓ	77	ⓐ ⓑ ⓒ ⓓ	97	ⓐ ⓑ ⓒ ⓓ
18	ⓐ ⓑ ⓒ ⓓ	38	ⓐ ⓑ ⓒ ⓓ	58	ⓐ ⓑ ⓒ ⓓ	78	ⓐ ⓑ ⓒ ⓓ	98	ⓐ ⓑ ⓒ ⓓ
19	ⓐ ⓑ ⓒ ⓓ	39	ⓐ ⓑ ⓒ ⓓ	59	ⓐ ⓑ ⓒ ⓓ	79	ⓐ ⓑ ⓒ ⓓ	99	ⓐ ⓑ ⓒ ⓓ
20	ⓐ ⓑ ⓒ ⓓ	40	ⓐ ⓑ ⓒ ⓓ	60	ⓐ ⓑ ⓒ ⓓ	80	ⓐ ⓑ ⓒ ⓓ	100	ⓐ ⓑ ⓒ ⓓ

讀 解

NO	ANSWER A B C D	NO	ANSWER A B C D	NO	ANSWER A B C D	NO	ANSWER A B C D	NO	ANSWER A B C D
101	ⓐ ⓑ ⓒ ⓓ	121	ⓐ ⓑ ⓒ ⓓ	141	ⓐ ⓑ ⓒ ⓓ	161	ⓐ ⓑ ⓒ ⓓ	181	ⓐ ⓑ ⓒ ⓓ
102	ⓐ ⓑ ⓒ ⓓ	122	ⓐ ⓑ ⓒ ⓓ	142	ⓐ ⓑ ⓒ ⓓ	162	ⓐ ⓑ ⓒ ⓓ	182	ⓐ ⓑ ⓒ ⓓ
103	ⓐ ⓑ ⓒ ⓓ	123	ⓐ ⓑ ⓒ ⓓ	143	ⓐ ⓑ ⓒ ⓓ	163	ⓐ ⓑ ⓒ ⓓ	183	ⓐ ⓑ ⓒ ⓓ
104	ⓐ ⓑ ⓒ ⓓ	124	ⓐ ⓑ ⓒ ⓓ	144	ⓐ ⓑ ⓒ ⓓ	164	ⓐ ⓑ ⓒ ⓓ	184	ⓐ ⓑ ⓒ ⓓ
105	ⓐ ⓑ ⓒ ⓓ	125	ⓐ ⓑ ⓒ ⓓ	145	ⓐ ⓑ ⓒ ⓓ	165	ⓐ ⓑ ⓒ ⓓ	185	ⓐ ⓑ ⓒ ⓓ
106	ⓐ ⓑ ⓒ ⓓ	126	ⓐ ⓑ ⓒ ⓓ	146	ⓐ ⓑ ⓒ ⓓ	166	ⓐ ⓑ ⓒ ⓓ	186	ⓐ ⓑ ⓒ ⓓ
107	ⓐ ⓑ ⓒ ⓓ	127	ⓐ ⓑ ⓒ ⓓ	147	ⓐ ⓑ ⓒ ⓓ	167	ⓐ ⓑ ⓒ ⓓ	187	ⓐ ⓑ ⓒ ⓓ
108	ⓐ ⓑ ⓒ ⓓ	128	ⓐ ⓑ ⓒ ⓓ	148	ⓐ ⓑ ⓒ ⓓ	168	ⓐ ⓑ ⓒ ⓓ	188	ⓐ ⓑ ⓒ ⓓ
109	ⓐ ⓑ ⓒ ⓓ	129	ⓐ ⓑ ⓒ ⓓ	149	ⓐ ⓑ ⓒ ⓓ	169	ⓐ ⓑ ⓒ ⓓ	189	ⓐ ⓑ ⓒ ⓓ
110	ⓐ ⓑ ⓒ ⓓ	130	ⓐ ⓑ ⓒ ⓓ	150	ⓐ ⓑ ⓒ ⓓ	170	ⓐ ⓑ ⓒ ⓓ	190	ⓐ ⓑ ⓒ ⓓ
111	ⓐ ⓑ ⓒ ⓓ	131	ⓐ ⓑ ⓒ ⓓ	151	ⓐ ⓑ ⓒ ⓓ	171	ⓐ ⓑ ⓒ ⓓ	191	ⓐ ⓑ ⓒ ⓓ
112	ⓐ ⓑ ⓒ ⓓ	132	ⓐ ⓑ ⓒ ⓓ	152	ⓐ ⓑ ⓒ ⓓ	172	ⓐ ⓑ ⓒ ⓓ	192	ⓐ ⓑ ⓒ ⓓ
113	ⓐ ⓑ ⓒ ⓓ	133	ⓐ ⓑ ⓒ ⓓ	153	ⓐ ⓑ ⓒ ⓓ	173	ⓐ ⓑ ⓒ ⓓ	193	ⓐ ⓑ ⓒ ⓓ
114	ⓐ ⓑ ⓒ ⓓ	134	ⓐ ⓑ ⓒ ⓓ	154	ⓐ ⓑ ⓒ ⓓ	174	ⓐ ⓑ ⓒ ⓓ	194	ⓐ ⓑ ⓒ ⓓ
115	ⓐ ⓑ ⓒ ⓓ	135	ⓐ ⓑ ⓒ ⓓ	155	ⓐ ⓑ ⓒ ⓓ	175	ⓐ ⓑ ⓒ ⓓ	195	ⓐ ⓑ ⓒ ⓓ
116	ⓐ ⓑ ⓒ ⓓ	136	ⓐ ⓑ ⓒ ⓓ	156	ⓐ ⓑ ⓒ ⓓ	176	ⓐ ⓑ ⓒ ⓓ	196	ⓐ ⓑ ⓒ ⓓ
117	ⓐ ⓑ ⓒ ⓓ	137	ⓐ ⓑ ⓒ ⓓ	157	ⓐ ⓑ ⓒ ⓓ	177	ⓐ ⓑ ⓒ ⓓ	197	ⓐ ⓑ ⓒ ⓓ
118	ⓐ ⓑ ⓒ ⓓ	138	ⓐ ⓑ ⓒ ⓓ	158	ⓐ ⓑ ⓒ ⓓ	178	ⓐ ⓑ ⓒ ⓓ	198	ⓐ ⓑ ⓒ ⓓ
119	ⓐ ⓑ ⓒ ⓓ	139	ⓐ ⓑ ⓒ ⓓ	159	ⓐ ⓑ ⓒ ⓓ	179	ⓐ ⓑ ⓒ ⓓ	199	ⓐ ⓑ ⓒ ⓓ
120	ⓐ ⓑ ⓒ ⓓ	140	ⓐ ⓑ ⓒ ⓓ	160	ⓐ ⓑ ⓒ ⓓ	180	ⓐ ⓑ ⓒ ⓓ	200	ⓐ ⓑ ⓒ ⓓ

ANSWER SHEET

JPT 실전 모의고사 3회

수험번호

성명 한글 / 한자 / 영자

좌석번호
Ⓐ Ⓑ Ⓒ Ⓓ Ⓔ
① ② ③ ④ ⑤ ⑥ ⑦

聽解

讀解

ANSWER SHEET

JPT 실전 모의고사 4회

수험번호

성명　한글
한자
영자

좌석번호
ⒶⒷⒸⒹⒺ
①②③④⑤⑥⑦

聽　解

NO	ANSWER	NO	ANSWER	NO	ANSWER	NO	ANSWER	NO	ANSWER
	A B C D		A B C D		A B C D		A B C D		A B C D
1	ⓐ ⓑ ⓒ ⓓ	21	ⓐ ⓑ ⓒ ⓓ	41	ⓐ ⓑ ⓒ ⓓ	61	ⓐ ⓑ ⓒ ⓓ	81	ⓐ ⓑ ⓒ ⓓ
2	ⓐ ⓑ ⓒ ⓓ	22	ⓐ ⓑ ⓒ ⓓ	42	ⓐ ⓑ ⓒ ⓓ	62	ⓐ ⓑ ⓒ ⓓ	82	ⓐ ⓑ ⓒ ⓓ
3	ⓐ ⓑ ⓒ ⓓ	23	ⓐ ⓑ ⓒ ⓓ	43	ⓐ ⓑ ⓒ ⓓ	63	ⓐ ⓑ ⓒ ⓓ	83	ⓐ ⓑ ⓒ ⓓ
4	ⓐ ⓑ ⓒ ⓓ	24	ⓐ ⓑ ⓒ ⓓ	44	ⓐ ⓑ ⓒ ⓓ	64	ⓐ ⓑ ⓒ ⓓ	84	ⓐ ⓑ ⓒ ⓓ
5	ⓐ ⓑ ⓒ ⓓ	25	ⓐ ⓑ ⓒ ⓓ	45	ⓐ ⓑ ⓒ ⓓ	65	ⓐ ⓑ ⓒ ⓓ	85	ⓐ ⓑ ⓒ ⓓ
6	ⓐ ⓑ ⓒ ⓓ	26	ⓐ ⓑ ⓒ ⓓ	46	ⓐ ⓑ ⓒ ⓓ	66	ⓐ ⓑ ⓒ ⓓ	86	ⓐ ⓑ ⓒ ⓓ
7	ⓐ ⓑ ⓒ ⓓ	27	ⓐ ⓑ ⓒ ⓓ	47	ⓐ ⓑ ⓒ ⓓ	67	ⓐ ⓑ ⓒ ⓓ	87	ⓐ ⓑ ⓒ ⓓ
8	ⓐ ⓑ ⓒ ⓓ	28	ⓐ ⓑ ⓒ ⓓ	48	ⓐ ⓑ ⓒ ⓓ	68	ⓐ ⓑ ⓒ ⓓ	88	ⓐ ⓑ ⓒ ⓓ
9	ⓐ ⓑ ⓒ ⓓ	29	ⓐ ⓑ ⓒ ⓓ	49	ⓐ ⓑ ⓒ ⓓ	69	ⓐ ⓑ ⓒ ⓓ	89	ⓐ ⓑ ⓒ ⓓ
10	ⓐ ⓑ ⓒ ⓓ	30	ⓐ ⓑ ⓒ ⓓ	50	ⓐ ⓑ ⓒ ⓓ	70	ⓐ ⓑ ⓒ ⓓ	90	ⓐ ⓑ ⓒ ⓓ
11	ⓐ ⓑ ⓒ ⓓ	31	ⓐ ⓑ ⓒ ⓓ	51	ⓐ ⓑ ⓒ ⓓ	71	ⓐ ⓑ ⓒ ⓓ	91	ⓐ ⓑ ⓒ ⓓ
12	ⓐ ⓑ ⓒ ⓓ	32	ⓐ ⓑ ⓒ ⓓ	52	ⓐ ⓑ ⓒ ⓓ	72	ⓐ ⓑ ⓒ ⓓ	92	ⓐ ⓑ ⓒ ⓓ
13	ⓐ ⓑ ⓒ ⓓ	33	ⓐ ⓑ ⓒ ⓓ	53	ⓐ ⓑ ⓒ ⓓ	73	ⓐ ⓑ ⓒ ⓓ	93	ⓐ ⓑ ⓒ ⓓ
14	ⓐ ⓑ ⓒ ⓓ	34	ⓐ ⓑ ⓒ ⓓ	54	ⓐ ⓑ ⓒ ⓓ	74	ⓐ ⓑ ⓒ ⓓ	94	ⓐ ⓑ ⓒ ⓓ
15	ⓐ ⓑ ⓒ ⓓ	35	ⓐ ⓑ ⓒ ⓓ	55	ⓐ ⓑ ⓒ ⓓ	75	ⓐ ⓑ ⓒ ⓓ	95	ⓐ ⓑ ⓒ ⓓ
16	ⓐ ⓑ ⓒ ⓓ	36	ⓐ ⓑ ⓒ ⓓ	56	ⓐ ⓑ ⓒ ⓓ	76	ⓐ ⓑ ⓒ ⓓ	96	ⓐ ⓑ ⓒ ⓓ
17	ⓐ ⓑ ⓒ ⓓ	37	ⓐ ⓑ ⓒ ⓓ	57	ⓐ ⓑ ⓒ ⓓ	77	ⓐ ⓑ ⓒ ⓓ	97	ⓐ ⓑ ⓒ ⓓ
18	ⓐ ⓑ ⓒ ⓓ	38	ⓐ ⓑ ⓒ ⓓ	58	ⓐ ⓑ ⓒ ⓓ	78	ⓐ ⓑ ⓒ ⓓ	98	ⓐ ⓑ ⓒ ⓓ
19	ⓐ ⓑ ⓒ ⓓ	39	ⓐ ⓑ ⓒ ⓓ	59	ⓐ ⓑ ⓒ ⓓ	79	ⓐ ⓑ ⓒ ⓓ	99	ⓐ ⓑ ⓒ ⓓ
20	ⓐ ⓑ ⓒ ⓓ	40	ⓐ ⓑ ⓒ ⓓ	60	ⓐ ⓑ ⓒ ⓓ	80	ⓐ ⓑ ⓒ ⓓ	100	ⓐ ⓑ ⓒ ⓓ

読　解

NO	ANSWER	NO	ANSWER	NO	ANSWER	NO	ANSWER	NO	ANSWER
	A B C D		A B C D		A B C D		A B C D		A B C D
101	ⓐ ⓑ ⓒ ⓓ	121	ⓐ ⓑ ⓒ ⓓ	141	ⓐ ⓑ ⓒ ⓓ	161	ⓐ ⓑ ⓒ ⓓ	181	ⓐ ⓑ ⓒ ⓓ
102	ⓐ ⓑ ⓒ ⓓ	122	ⓐ ⓑ ⓒ ⓓ	142	ⓐ ⓑ ⓒ ⓓ	162	ⓐ ⓑ ⓒ ⓓ	182	ⓐ ⓑ ⓒ ⓓ
103	ⓐ ⓑ ⓒ ⓓ	123	ⓐ ⓑ ⓒ ⓓ	143	ⓐ ⓑ ⓒ ⓓ	163	ⓐ ⓑ ⓒ ⓓ	183	ⓐ ⓑ ⓒ ⓓ
104	ⓐ ⓑ ⓒ ⓓ	124	ⓐ ⓑ ⓒ ⓓ	144	ⓐ ⓑ ⓒ ⓓ	164	ⓐ ⓑ ⓒ ⓓ	184	ⓐ ⓑ ⓒ ⓓ
105	ⓐ ⓑ ⓒ ⓓ	125	ⓐ ⓑ ⓒ ⓓ	145	ⓐ ⓑ ⓒ ⓓ	165	ⓐ ⓑ ⓒ ⓓ	185	ⓐ ⓑ ⓒ ⓓ
106	ⓐ ⓑ ⓒ ⓓ	126	ⓐ ⓑ ⓒ ⓓ	146	ⓐ ⓑ ⓒ ⓓ	166	ⓐ ⓑ ⓒ ⓓ	186	ⓐ ⓑ ⓒ ⓓ
107	ⓐ ⓑ ⓒ ⓓ	127	ⓐ ⓑ ⓒ ⓓ	147	ⓐ ⓑ ⓒ ⓓ	167	ⓐ ⓑ ⓒ ⓓ	187	ⓐ ⓑ ⓒ ⓓ
108	ⓐ ⓑ ⓒ ⓓ	128	ⓐ ⓑ ⓒ ⓓ	148	ⓐ ⓑ ⓒ ⓓ	168	ⓐ ⓑ ⓒ ⓓ	188	ⓐ ⓑ ⓒ ⓓ
109	ⓐ ⓑ ⓒ ⓓ	129	ⓐ ⓑ ⓒ ⓓ	149	ⓐ ⓑ ⓒ ⓓ	169	ⓐ ⓑ ⓒ ⓓ	189	ⓐ ⓑ ⓒ ⓓ
110	ⓐ ⓑ ⓒ ⓓ	130	ⓐ ⓑ ⓒ ⓓ	150	ⓐ ⓑ ⓒ ⓓ	170	ⓐ ⓑ ⓒ ⓓ	190	ⓐ ⓑ ⓒ ⓓ
111	ⓐ ⓑ ⓒ ⓓ	131	ⓐ ⓑ ⓒ ⓓ	151	ⓐ ⓑ ⓒ ⓓ	171	ⓐ ⓑ ⓒ ⓓ	191	ⓐ ⓑ ⓒ ⓓ
112	ⓐ ⓑ ⓒ ⓓ	132	ⓐ ⓑ ⓒ ⓓ	152	ⓐ ⓑ ⓒ ⓓ	172	ⓐ ⓑ ⓒ ⓓ	192	ⓐ ⓑ ⓒ ⓓ
113	ⓐ ⓑ ⓒ ⓓ	133	ⓐ ⓑ ⓒ ⓓ	153	ⓐ ⓑ ⓒ ⓓ	173	ⓐ ⓑ ⓒ ⓓ	193	ⓐ ⓑ ⓒ ⓓ
114	ⓐ ⓑ ⓒ ⓓ	134	ⓐ ⓑ ⓒ ⓓ	154	ⓐ ⓑ ⓒ ⓓ	174	ⓐ ⓑ ⓒ ⓓ	194	ⓐ ⓑ ⓒ ⓓ
115	ⓐ ⓑ ⓒ ⓓ	135	ⓐ ⓑ ⓒ ⓓ	155	ⓐ ⓑ ⓒ ⓓ	175	ⓐ ⓑ ⓒ ⓓ	195	ⓐ ⓑ ⓒ ⓓ
116	ⓐ ⓑ ⓒ ⓓ	136	ⓐ ⓑ ⓒ ⓓ	156	ⓐ ⓑ ⓒ ⓓ	176	ⓐ ⓑ ⓒ ⓓ	196	ⓐ ⓑ ⓒ ⓓ
117	ⓐ ⓑ ⓒ ⓓ	137	ⓐ ⓑ ⓒ ⓓ	157	ⓐ ⓑ ⓒ ⓓ	177	ⓐ ⓑ ⓒ ⓓ	197	ⓐ ⓑ ⓒ ⓓ
118	ⓐ ⓑ ⓒ ⓓ	138	ⓐ ⓑ ⓒ ⓓ	158	ⓐ ⓑ ⓒ ⓓ	178	ⓐ ⓑ ⓒ ⓓ	198	ⓐ ⓑ ⓒ ⓓ
119	ⓐ ⓑ ⓒ ⓓ	139	ⓐ ⓑ ⓒ ⓓ	159	ⓐ ⓑ ⓒ ⓓ	179	ⓐ ⓑ ⓒ ⓓ	199	ⓐ ⓑ ⓒ ⓓ
120	ⓐ ⓑ ⓒ ⓓ	140	ⓐ ⓑ ⓒ ⓓ	160	ⓐ ⓑ ⓒ ⓓ	180	ⓐ ⓑ ⓒ ⓓ	200	ⓐ ⓑ ⓒ ⓓ

ANSWER SHEET

JPT 실전 모의고사 5회

수험번호

성명
한글
한자
영자

좌석번호

Ⓐ Ⓑ Ⓒ Ⓓ Ⓔ
① ② ③ ④ ⑤ ⑥ ⑦

聽　解

讀　解

ANSWER SHEET

JPT 실전 모의고사 1회

수험번호

성명　한글　한자　영자

좌석번호　Ⓐ Ⓑ Ⓒ Ⓓ Ⓔ　① ② ③ ④ ⑤ ⑥ ⑦

聽　解

NO	ANSWER	NO	ANSWER	NO	ANSWER	NO	ANSWER	NO	ANSWER
1	Ⓐ Ⓑ Ⓒ Ⓓ	21	Ⓐ Ⓑ Ⓒ Ⓓ	41	Ⓐ Ⓑ Ⓒ Ⓓ	61	Ⓐ Ⓑ Ⓒ Ⓓ	81	Ⓐ Ⓑ Ⓒ Ⓓ
2	Ⓐ Ⓑ Ⓒ Ⓓ	22	Ⓐ Ⓑ Ⓒ Ⓓ	42	Ⓐ Ⓑ Ⓒ Ⓓ	62	Ⓐ Ⓑ Ⓒ Ⓓ	82	Ⓐ Ⓑ Ⓒ Ⓓ
3	Ⓐ Ⓑ Ⓒ Ⓓ	23	Ⓐ Ⓑ Ⓒ Ⓓ	43	Ⓐ Ⓑ Ⓒ Ⓓ	63	Ⓐ Ⓑ Ⓒ Ⓓ	83	Ⓐ Ⓑ Ⓒ Ⓓ
4	Ⓐ Ⓑ Ⓒ Ⓓ	24	Ⓐ Ⓑ Ⓒ Ⓓ	44	Ⓐ Ⓑ Ⓒ Ⓓ	64	Ⓐ Ⓑ Ⓒ Ⓓ	84	Ⓐ Ⓑ Ⓒ Ⓓ
5	Ⓐ Ⓑ Ⓒ Ⓓ	25	Ⓐ Ⓑ Ⓒ Ⓓ	45	Ⓐ Ⓑ Ⓒ Ⓓ	65	Ⓐ Ⓑ Ⓒ Ⓓ	85	Ⓐ Ⓑ Ⓒ Ⓓ
6	Ⓐ Ⓑ Ⓒ Ⓓ	26	Ⓐ Ⓑ Ⓒ Ⓓ	46	Ⓐ Ⓑ Ⓒ Ⓓ	66	Ⓐ Ⓑ Ⓒ Ⓓ	86	Ⓐ Ⓑ Ⓒ Ⓓ
7	Ⓐ Ⓑ Ⓒ Ⓓ	27	Ⓐ Ⓑ Ⓒ Ⓓ	47	Ⓐ Ⓑ Ⓒ Ⓓ	67	Ⓐ Ⓑ Ⓒ Ⓓ	87	Ⓐ Ⓑ Ⓒ Ⓓ
8	Ⓐ Ⓑ Ⓒ Ⓓ	28	Ⓐ Ⓑ Ⓒ Ⓓ	48	Ⓐ Ⓑ Ⓒ Ⓓ	68	Ⓐ Ⓑ Ⓒ Ⓓ	88	Ⓐ Ⓑ Ⓒ Ⓓ
9	Ⓐ Ⓑ Ⓒ Ⓓ	29	Ⓐ Ⓑ Ⓒ Ⓓ	49	Ⓐ Ⓑ Ⓒ Ⓓ	69	Ⓐ Ⓑ Ⓒ Ⓓ	89	Ⓐ Ⓑ Ⓒ Ⓓ
10	Ⓐ Ⓑ Ⓒ Ⓓ	30	Ⓐ Ⓑ Ⓒ Ⓓ	50	Ⓐ Ⓑ Ⓒ Ⓓ	70	Ⓐ Ⓑ Ⓒ Ⓓ	90	Ⓐ Ⓑ Ⓒ Ⓓ
11	Ⓐ Ⓑ Ⓒ Ⓓ	31	Ⓐ Ⓑ Ⓒ Ⓓ	51	Ⓐ Ⓑ Ⓒ Ⓓ	71	Ⓐ Ⓑ Ⓒ Ⓓ	91	Ⓐ Ⓑ Ⓒ Ⓓ
12	Ⓐ Ⓑ Ⓒ Ⓓ	32	Ⓐ Ⓑ Ⓒ Ⓓ	52	Ⓐ Ⓑ Ⓒ Ⓓ	72	Ⓐ Ⓑ Ⓒ Ⓓ	92	Ⓐ Ⓑ Ⓒ Ⓓ
13	Ⓐ Ⓑ Ⓒ Ⓓ	33	Ⓐ Ⓑ Ⓒ Ⓓ	53	Ⓐ Ⓑ Ⓒ Ⓓ	73	Ⓐ Ⓑ Ⓒ Ⓓ	93	Ⓐ Ⓑ Ⓒ Ⓓ
14	Ⓐ Ⓑ Ⓒ Ⓓ	34	Ⓐ Ⓑ Ⓒ Ⓓ	54	Ⓐ Ⓑ Ⓒ Ⓓ	74	Ⓐ Ⓑ Ⓒ Ⓓ	94	Ⓐ Ⓑ Ⓒ Ⓓ
15	Ⓐ Ⓑ Ⓒ Ⓓ	35	Ⓐ Ⓑ Ⓒ Ⓓ	55	Ⓐ Ⓑ Ⓒ Ⓓ	75	Ⓐ Ⓑ Ⓒ Ⓓ	95	Ⓐ Ⓑ Ⓒ Ⓓ
16	Ⓐ Ⓑ Ⓒ Ⓓ	36	Ⓐ Ⓑ Ⓒ Ⓓ	56	Ⓐ Ⓑ Ⓒ Ⓓ	76	Ⓐ Ⓑ Ⓒ Ⓓ	96	Ⓐ Ⓑ Ⓒ Ⓓ
17	Ⓐ Ⓑ Ⓒ Ⓓ	37	Ⓐ Ⓑ Ⓒ Ⓓ	57	Ⓐ Ⓑ Ⓒ Ⓓ	77	Ⓐ Ⓑ Ⓒ Ⓓ	97	Ⓐ Ⓑ Ⓒ Ⓓ
18	Ⓐ Ⓑ Ⓒ Ⓓ	38	Ⓐ Ⓑ Ⓒ Ⓓ	58	Ⓐ Ⓑ Ⓒ Ⓓ	78	Ⓐ Ⓑ Ⓒ Ⓓ	98	Ⓐ Ⓑ Ⓒ Ⓓ
19	Ⓐ Ⓑ Ⓒ Ⓓ	39	Ⓐ Ⓑ Ⓒ Ⓓ	59	Ⓐ Ⓑ Ⓒ Ⓓ	79	Ⓐ Ⓑ Ⓒ Ⓓ	99	Ⓐ Ⓑ Ⓒ Ⓓ
20	Ⓐ Ⓑ Ⓒ Ⓓ	40	Ⓐ Ⓑ Ⓒ Ⓓ	60	Ⓐ Ⓑ Ⓒ Ⓓ	80	Ⓐ Ⓑ Ⓒ Ⓓ	100	Ⓐ Ⓑ Ⓒ Ⓓ

読　解

NO	ANSWER	NO	ANSWER	NO	ANSWER	NO	ANSWER	NO	ANSWER
101	Ⓐ Ⓑ Ⓒ Ⓓ	121	Ⓐ Ⓑ Ⓒ Ⓓ	141	Ⓐ Ⓑ Ⓒ Ⓓ	161	Ⓐ Ⓑ Ⓒ Ⓓ	181	Ⓐ Ⓑ Ⓒ Ⓓ
102	Ⓐ Ⓑ Ⓒ Ⓓ	122	Ⓐ Ⓑ Ⓒ Ⓓ	142	Ⓐ Ⓑ Ⓒ Ⓓ	162	Ⓐ Ⓑ Ⓒ Ⓓ	182	Ⓐ Ⓑ Ⓒ Ⓓ
103	Ⓐ Ⓑ Ⓒ Ⓓ	123	Ⓐ Ⓑ Ⓒ Ⓓ	143	Ⓐ Ⓑ Ⓒ Ⓓ	163	Ⓐ Ⓑ Ⓒ Ⓓ	183	Ⓐ Ⓑ Ⓒ Ⓓ
104	Ⓐ Ⓑ Ⓒ Ⓓ	124	Ⓐ Ⓑ Ⓒ Ⓓ	144	Ⓐ Ⓑ Ⓒ Ⓓ	164	Ⓐ Ⓑ Ⓒ Ⓓ	184	Ⓐ Ⓑ Ⓒ Ⓓ
105	Ⓐ Ⓑ Ⓒ Ⓓ	125	Ⓐ Ⓑ Ⓒ Ⓓ	145	Ⓐ Ⓑ Ⓒ Ⓓ	165	Ⓐ Ⓑ Ⓒ Ⓓ	185	Ⓐ Ⓑ Ⓒ Ⓓ
106	Ⓐ Ⓑ Ⓒ Ⓓ	126	Ⓐ Ⓑ Ⓒ Ⓓ	146	Ⓐ Ⓑ Ⓒ Ⓓ	166	Ⓐ Ⓑ Ⓒ Ⓓ	186	Ⓐ Ⓑ Ⓒ Ⓓ
107	Ⓐ Ⓑ Ⓒ Ⓓ	127	Ⓐ Ⓑ Ⓒ Ⓓ	147	Ⓐ Ⓑ Ⓒ Ⓓ	167	Ⓐ Ⓑ Ⓒ Ⓓ	187	Ⓐ Ⓑ Ⓒ Ⓓ
108	Ⓐ Ⓑ Ⓒ Ⓓ	128	Ⓐ Ⓑ Ⓒ Ⓓ	148	Ⓐ Ⓑ Ⓒ Ⓓ	168	Ⓐ Ⓑ Ⓒ Ⓓ	188	Ⓐ Ⓑ Ⓒ Ⓓ
109	Ⓐ Ⓑ Ⓒ Ⓓ	129	Ⓐ Ⓑ Ⓒ Ⓓ	149	Ⓐ Ⓑ Ⓒ Ⓓ	169	Ⓐ Ⓑ Ⓒ Ⓓ	189	Ⓐ Ⓑ Ⓒ Ⓓ
110	Ⓐ Ⓑ Ⓒ Ⓓ	130	Ⓐ Ⓑ Ⓒ Ⓓ	150	Ⓐ Ⓑ Ⓒ Ⓓ	170	Ⓐ Ⓑ Ⓒ Ⓓ	190	Ⓐ Ⓑ Ⓒ Ⓓ
111	Ⓐ Ⓑ Ⓒ Ⓓ	131	Ⓐ Ⓑ Ⓒ Ⓓ	151	Ⓐ Ⓑ Ⓒ Ⓓ	171	Ⓐ Ⓑ Ⓒ Ⓓ	191	Ⓐ Ⓑ Ⓒ Ⓓ
112	Ⓐ Ⓑ Ⓒ Ⓓ	132	Ⓐ Ⓑ Ⓒ Ⓓ	152	Ⓐ Ⓑ Ⓒ Ⓓ	172	Ⓐ Ⓑ Ⓒ Ⓓ	192	Ⓐ Ⓑ Ⓒ Ⓓ
113	Ⓐ Ⓑ Ⓒ Ⓓ	133	Ⓐ Ⓑ Ⓒ Ⓓ	153	Ⓐ Ⓑ Ⓒ Ⓓ	173	Ⓐ Ⓑ Ⓒ Ⓓ	193	Ⓐ Ⓑ Ⓒ Ⓓ
114	Ⓐ Ⓑ Ⓒ Ⓓ	134	Ⓐ Ⓑ Ⓒ Ⓓ	154	Ⓐ Ⓑ Ⓒ Ⓓ	174	Ⓐ Ⓑ Ⓒ Ⓓ	194	Ⓐ Ⓑ Ⓒ Ⓓ
115	Ⓐ Ⓑ Ⓒ Ⓓ	135	Ⓐ Ⓑ Ⓒ Ⓓ	155	Ⓐ Ⓑ Ⓒ Ⓓ	175	Ⓐ Ⓑ Ⓒ Ⓓ	195	Ⓐ Ⓑ Ⓒ Ⓓ
116	Ⓐ Ⓑ Ⓒ Ⓓ	136	Ⓐ Ⓑ Ⓒ Ⓓ	156	Ⓐ Ⓑ Ⓒ Ⓓ	176	Ⓐ Ⓑ Ⓒ Ⓓ	196	Ⓐ Ⓑ Ⓒ Ⓓ
117	Ⓐ Ⓑ Ⓒ Ⓓ	137	Ⓐ Ⓑ Ⓒ Ⓓ	157	Ⓐ Ⓑ Ⓒ Ⓓ	177	Ⓐ Ⓑ Ⓒ Ⓓ	197	Ⓐ Ⓑ Ⓒ Ⓓ
118	Ⓐ Ⓑ Ⓒ Ⓓ	138	Ⓐ Ⓑ Ⓒ Ⓓ	158	Ⓐ Ⓑ Ⓒ Ⓓ	178	Ⓐ Ⓑ Ⓒ Ⓓ	198	Ⓐ Ⓑ Ⓒ Ⓓ
119	Ⓐ Ⓑ Ⓒ Ⓓ	139	Ⓐ Ⓑ Ⓒ Ⓓ	159	Ⓐ Ⓑ Ⓒ Ⓓ	179	Ⓐ Ⓑ Ⓒ Ⓓ	199	Ⓐ Ⓑ Ⓒ Ⓓ
120	Ⓐ Ⓑ Ⓒ Ⓓ	140	Ⓐ Ⓑ Ⓒ Ⓓ	160	Ⓐ Ⓑ Ⓒ Ⓓ	180	Ⓐ Ⓑ Ⓒ Ⓓ	200	Ⓐ Ⓑ Ⓒ Ⓓ

ANSWER SHEET

JPT 실전 모의고사 2회

수험번호

성명: 한글 / 한자 / 영자

좌석번호

A B C D E
① ② ③ ④ ⑤ ⑥ ⑦

聽解

NO	A	B	C	D	NO	A	B	C	D	NO	A	B	C	D	NO	A	B	C	D
1	a	b	c	d	21	a	b	c	d	41	a	b	c	d	61	a	b	c	d
2	a	b	c	d	22	a	b	c	d	42	a	b	c	d	62	a	b	c	d
3	a	b	c	d	23	a	b	c	d	43	a	b	c	d	63	a	b	c	d
4	a	b	c	d	24	a	b	c	d	44	a	b	c	d	64	a	b	c	d
5	a	b	c	d	25	a	b	c	d	45	a	b	c	d	65	a	b	c	d
6	a	b	c	d	26	a	b	c	d	46	a	b	c	d	66	a	b	c	d
7	a	b	c	d	27	a	b	c	d	47	a	b	c	d	67	a	b	c	d
8	a	b	c	d	28	a	b	c	d	48	a	b	c	d	68	a	b	c	d
9	a	b	c	d	29	a	b	c	d	49	a	b	c	d	69	a	b	c	d
10	a	b	c	d	30	a	b	c	d	50	a	b	c	d	70	a	b	c	d
11	a	b	c	d	31	a	b	c	d	51	a	b	c	d	71	a	b	c	d
12	a	b	c	d	32	a	b	c	d	52	a	b	c	d	72	a	b	c	d
13	a	b	c	d	33	a	b	c	d	53	a	b	c	d	73	a	b	c	d
14	a	b	c	d	34	a	b	c	d	54	a	b	c	d	74	a	b	c	d
15	a	b	c	d	35	a	b	c	d	55	a	b	c	d	75	a	b	c	d
16	a	b	c	d	36	a	b	c	d	56	a	b	c	d	76	a	b	c	d
17	a	b	c	d	37	a	b	c	d	57	a	b	c	d	77	a	b	c	d
18	a	b	c	d	38	a	b	c	d	58	a	b	c	d	78	a	b	c	d
19	a	b	c	d	39	a	b	c	d	59	a	b	c	d	79	a	b	c	d
20	a	b	c	d	40	a	b	c	d	60	a	b	c	d	80	a	b	c	d

NO	A	B	C	D
81	a	b	c	d
82	a	b	c	d
83	a	b	c	d
84	a	b	c	d
85	a	b	c	d
86	a	b	c	d
87	a	b	c	d
88	a	b	c	d
89	a	b	c	d
90	a	b	c	d
91	a	b	c	d
92	a	b	c	d
93	a	b	c	d
94	a	b	c	d
95	a	b	c	d
96	a	b	c	d
97	a	b	c	d
98	a	b	c	d
99	a	b	c	d
100	a	b	c	d

読解

NO	A	B	C	D	NO	A	B	C	D	NO	A	B	C	D
101	a	b	c	d	121	a	b	c	d	141	a	b	c	d
102	a	b	c	d	122	a	b	c	d	142	a	b	c	d
103	a	b	c	d	123	a	b	c	d	143	a	b	c	d
104	a	b	c	d	124	a	b	c	d	144	a	b	c	d
105	a	b	c	d	125	a	b	c	d	145	a	b	c	d
106	a	b	c	d	126	a	b	c	d	146	a	b	c	d
107	a	b	c	d	127	a	b	c	d	147	a	b	c	d
108	a	b	c	d	128	a	b	c	d	148	a	b	c	d
109	a	b	c	d	129	a	b	c	d	149	a	b	c	d
110	a	b	c	d	130	a	b	c	d	150	a	b	c	d
111	a	b	c	d	131	a	b	c	d	151	a	b	c	d
112	a	b	c	d	132	a	b	c	d	152	a	b	c	d
113	a	b	c	d	133	a	b	c	d	153	a	b	c	d
114	a	b	c	d	134	a	b	c	d	154	a	b	c	d
115	a	b	c	d	135	a	b	c	d	155	a	b	c	d
116	a	b	c	d	136	a	b	c	d	156	a	b	c	d
117	a	b	c	d	137	a	b	c	d	157	a	b	c	d
118	a	b	c	d	138	a	b	c	d	158	a	b	c	d
119	a	b	c	d	139	a	b	c	d	159	a	b	c	d
120	a	b	c	d	140	a	b	c	d	160	a	b	c	d

NO	A	B	C	D	NO	A	B	C	D
161	a	b	c	d	181	a	b	c	d
162	a	b	c	d	182	a	b	c	d
163	a	b	c	d	183	a	b	c	d
164	a	b	c	d	184	a	b	c	d
165	a	b	c	d	185	a	b	c	d
166	a	b	c	d	186	a	b	c	d
167	a	b	c	d	187	a	b	c	d
168	a	b	c	d	188	a	b	c	d
169	a	b	c	d	189	a	b	c	d
170	a	b	c	d	190	a	b	c	d
171	a	b	c	d	191	a	b	c	d
172	a	b	c	d	192	a	b	c	d
173	a	b	c	d	193	a	b	c	d
174	a	b	c	d	194	a	b	c	d
175	a	b	c	d	195	a	b	c	d
176	a	b	c	d	196	a	b	c	d
177	a	b	c	d	197	a	b	c	d
178	a	b	c	d	198	a	b	c	d
179	a	b	c	d	199	a	b	c	d
180	a	b	c	d	200	a	b	c	d

ANSWER SHEET

ANSWER SHEET

JPT 실전 모의고사 4회

수험번호

성명	한글	
	한자	
	영자	

좌석번호

Ⓐ Ⓑ Ⓒ Ⓓ Ⓔ
① ② ③ ④ ⑤ ⑥ ⑦

聴　解

NO	ANSWER A B C D	NO	ANSWER A B C D	NO	ANSWER A B C D	NO	ANSWER A B C D	NO	ANSWER A B C D
1	ⓐ ⓑ ⓒ ⓓ	21	ⓐ ⓑ ⓒ ⓓ	41	ⓐ ⓑ ⓒ ⓓ	61	ⓐ ⓑ ⓒ ⓓ	81	ⓐ ⓑ ⓒ ⓓ
2	ⓐ ⓑ ⓒ ⓓ	22	ⓐ ⓑ ⓒ ⓓ	42	ⓐ ⓑ ⓒ ⓓ	62	ⓐ ⓑ ⓒ ⓓ	82	ⓐ ⓑ ⓒ ⓓ
3	ⓐ ⓑ ⓒ ⓓ	23	ⓐ ⓑ ⓒ ⓓ	43	ⓐ ⓑ ⓒ ⓓ	63	ⓐ ⓑ ⓒ ⓓ	83	ⓐ ⓑ ⓒ ⓓ
4	ⓐ ⓑ ⓒ ⓓ	24	ⓐ ⓑ ⓒ ⓓ	44	ⓐ ⓑ ⓒ ⓓ	64	ⓐ ⓑ ⓒ ⓓ	84	ⓐ ⓑ ⓒ ⓓ
5	ⓐ ⓑ ⓒ ⓓ	25	ⓐ ⓑ ⓒ ⓓ	45	ⓐ ⓑ ⓒ ⓓ	65	ⓐ ⓑ ⓒ ⓓ	85	ⓐ ⓑ ⓒ ⓓ
6	ⓐ ⓑ ⓒ ⓓ	26	ⓐ ⓑ ⓒ ⓓ	46	ⓐ ⓑ ⓒ ⓓ	66	ⓐ ⓑ ⓒ ⓓ	86	ⓐ ⓑ ⓒ ⓓ
7	ⓐ ⓑ ⓒ ⓓ	27	ⓐ ⓑ ⓒ ⓓ	47	ⓐ ⓑ ⓒ ⓓ	67	ⓐ ⓑ ⓒ ⓓ	87	ⓐ ⓑ ⓒ ⓓ
8	ⓐ ⓑ ⓒ ⓓ	28	ⓐ ⓑ ⓒ ⓓ	48	ⓐ ⓑ ⓒ ⓓ	68	ⓐ ⓑ ⓒ ⓓ	88	ⓐ ⓑ ⓒ ⓓ
9	ⓐ ⓑ ⓒ ⓓ	29	ⓐ ⓑ ⓒ ⓓ	49	ⓐ ⓑ ⓒ ⓓ	69	ⓐ ⓑ ⓒ ⓓ	89	ⓐ ⓑ ⓒ ⓓ
10	ⓐ ⓑ ⓒ ⓓ	30	ⓐ ⓑ ⓒ ⓓ	50	ⓐ ⓑ ⓒ ⓓ	70	ⓐ ⓑ ⓒ ⓓ	90	ⓐ ⓑ ⓒ ⓓ
11	ⓐ ⓑ ⓒ ⓓ	31	ⓐ ⓑ ⓒ ⓓ	51	ⓐ ⓑ ⓒ ⓓ	71	ⓐ ⓑ ⓒ ⓓ	91	ⓐ ⓑ ⓒ ⓓ
12	ⓐ ⓑ ⓒ ⓓ	32	ⓐ ⓑ ⓒ ⓓ	52	ⓐ ⓑ ⓒ ⓓ	72	ⓐ ⓑ ⓒ ⓓ	92	ⓐ ⓑ ⓒ ⓓ
13	ⓐ ⓑ ⓒ ⓓ	33	ⓐ ⓑ ⓒ ⓓ	53	ⓐ ⓑ ⓒ ⓓ	73	ⓐ ⓑ ⓒ ⓓ	93	ⓐ ⓑ ⓒ ⓓ
14	ⓐ ⓑ ⓒ ⓓ	34	ⓐ ⓑ ⓒ ⓓ	54	ⓐ ⓑ ⓒ ⓓ	74	ⓐ ⓑ ⓒ ⓓ	94	ⓐ ⓑ ⓒ ⓓ
15	ⓐ ⓑ ⓒ ⓓ	35	ⓐ ⓑ ⓒ ⓓ	55	ⓐ ⓑ ⓒ ⓓ	75	ⓐ ⓑ ⓒ ⓓ	95	ⓐ ⓑ ⓒ ⓓ
16	ⓐ ⓑ ⓒ ⓓ	36	ⓐ ⓑ ⓒ ⓓ	56	ⓐ ⓑ ⓒ ⓓ	76	ⓐ ⓑ ⓒ ⓓ	96	ⓐ ⓑ ⓒ ⓓ
17	ⓐ ⓑ ⓒ ⓓ	37	ⓐ ⓑ ⓒ ⓓ	57	ⓐ ⓑ ⓒ ⓓ	77	ⓐ ⓑ ⓒ ⓓ	97	ⓐ ⓑ ⓒ ⓓ
18	ⓐ ⓑ ⓒ ⓓ	38	ⓐ ⓑ ⓒ ⓓ	58	ⓐ ⓑ ⓒ ⓓ	78	ⓐ ⓑ ⓒ ⓓ	98	ⓐ ⓑ ⓒ ⓓ
19	ⓐ ⓑ ⓒ ⓓ	39	ⓐ ⓑ ⓒ ⓓ	59	ⓐ ⓑ ⓒ ⓓ	79	ⓐ ⓑ ⓒ ⓓ	99	ⓐ ⓑ ⓒ ⓓ
20	ⓐ ⓑ ⓒ ⓓ	40	ⓐ ⓑ ⓒ ⓓ	60	ⓐ ⓑ ⓒ ⓓ	80	ⓐ ⓑ ⓒ ⓓ	100	ⓐ ⓑ ⓒ ⓓ

読　解

NO	ANSWER A B C D	NO	ANSWER A B C D	NO	ANSWER A B C D	NO	ANSWER A B C D	NO	ANSWER A B C D
101	ⓐ ⓑ ⓒ ⓓ	121	ⓐ ⓑ ⓒ ⓓ	141	ⓐ ⓑ ⓒ ⓓ	161	ⓐ ⓑ ⓒ ⓓ	181	ⓐ ⓑ ⓒ ⓓ
102	ⓐ ⓑ ⓒ ⓓ	122	ⓐ ⓑ ⓒ ⓓ	142	ⓐ ⓑ ⓒ ⓓ	162	ⓐ ⓑ ⓒ ⓓ	182	ⓐ ⓑ ⓒ ⓓ
103	ⓐ ⓑ ⓒ ⓓ	123	ⓐ ⓑ ⓒ ⓓ	143	ⓐ ⓑ ⓒ ⓓ	163	ⓐ ⓑ ⓒ ⓓ	183	ⓐ ⓑ ⓒ ⓓ
104	ⓐ ⓑ ⓒ ⓓ	124	ⓐ ⓑ ⓒ ⓓ	144	ⓐ ⓑ ⓒ ⓓ	164	ⓐ ⓑ ⓒ ⓓ	184	ⓐ ⓑ ⓒ ⓓ
105	ⓐ ⓑ ⓒ ⓓ	125	ⓐ ⓑ ⓒ ⓓ	145	ⓐ ⓑ ⓒ ⓓ	165	ⓐ ⓑ ⓒ ⓓ	185	ⓐ ⓑ ⓒ ⓓ
106	ⓐ ⓑ ⓒ ⓓ	126	ⓐ ⓑ ⓒ ⓓ	146	ⓐ ⓑ ⓒ ⓓ	166	ⓐ ⓑ ⓒ ⓓ	186	ⓐ ⓑ ⓒ ⓓ
107	ⓐ ⓑ ⓒ ⓓ	127	ⓐ ⓑ ⓒ ⓓ	147	ⓐ ⓑ ⓒ ⓓ	167	ⓐ ⓑ ⓒ ⓓ	187	ⓐ ⓑ ⓒ ⓓ
108	ⓐ ⓑ ⓒ ⓓ	128	ⓐ ⓑ ⓒ ⓓ	148	ⓐ ⓑ ⓒ ⓓ	168	ⓐ ⓑ ⓒ ⓓ	188	ⓐ ⓑ ⓒ ⓓ
109	ⓐ ⓑ ⓒ ⓓ	129	ⓐ ⓑ ⓒ ⓓ	149	ⓐ ⓑ ⓒ ⓓ	169	ⓐ ⓑ ⓒ ⓓ	189	ⓐ ⓑ ⓒ ⓓ
110	ⓐ ⓑ ⓒ ⓓ	130	ⓐ ⓑ ⓒ ⓓ	150	ⓐ ⓑ ⓒ ⓓ	170	ⓐ ⓑ ⓒ ⓓ	190	ⓐ ⓑ ⓒ ⓓ
111	ⓐ ⓑ ⓒ ⓓ	131	ⓐ ⓑ ⓒ ⓓ	151	ⓐ ⓑ ⓒ ⓓ	171	ⓐ ⓑ ⓒ ⓓ	191	ⓐ ⓑ ⓒ ⓓ
112	ⓐ ⓑ ⓒ ⓓ	132	ⓐ ⓑ ⓒ ⓓ	152	ⓐ ⓑ ⓒ ⓓ	172	ⓐ ⓑ ⓒ ⓓ	192	ⓐ ⓑ ⓒ ⓓ
113	ⓐ ⓑ ⓒ ⓓ	133	ⓐ ⓑ ⓒ ⓓ	153	ⓐ ⓑ ⓒ ⓓ	173	ⓐ ⓑ ⓒ ⓓ	193	ⓐ ⓑ ⓒ ⓓ
114	ⓐ ⓑ ⓒ ⓓ	134	ⓐ ⓑ ⓒ ⓓ	154	ⓐ ⓑ ⓒ ⓓ	174	ⓐ ⓑ ⓒ ⓓ	194	ⓐ ⓑ ⓒ ⓓ
115	ⓐ ⓑ ⓒ ⓓ	135	ⓐ ⓑ ⓒ ⓓ	155	ⓐ ⓑ ⓒ ⓓ	175	ⓐ ⓑ ⓒ ⓓ	195	ⓐ ⓑ ⓒ ⓓ
116	ⓐ ⓑ ⓒ ⓓ	136	ⓐ ⓑ ⓒ ⓓ	156	ⓐ ⓑ ⓒ ⓓ	176	ⓐ ⓑ ⓒ ⓓ	196	ⓐ ⓑ ⓒ ⓓ
117	ⓐ ⓑ ⓒ ⓓ	137	ⓐ ⓑ ⓒ ⓓ	157	ⓐ ⓑ ⓒ ⓓ	177	ⓐ ⓑ ⓒ ⓓ	197	ⓐ ⓑ ⓒ ⓓ
118	ⓐ ⓑ ⓒ ⓓ	138	ⓐ ⓑ ⓒ ⓓ	158	ⓐ ⓑ ⓒ ⓓ	178	ⓐ ⓑ ⓒ ⓓ	198	ⓐ ⓑ ⓒ ⓓ
119	ⓐ ⓑ ⓒ ⓓ	139	ⓐ ⓑ ⓒ ⓓ	159	ⓐ ⓑ ⓒ ⓓ	179	ⓐ ⓑ ⓒ ⓓ	199	ⓐ ⓑ ⓒ ⓓ
120	ⓐ ⓑ ⓒ ⓓ	140	ⓐ ⓑ ⓒ ⓓ	160	ⓐ ⓑ ⓒ ⓓ	180	ⓐ ⓑ ⓒ ⓓ	200	ⓐ ⓑ ⓒ ⓓ

ANSWER SHEET

JPT 실전 모의고사 5회

수험번호							

성명	한글	
	한자	
	영자	

좌석번호
Ⓐ Ⓑ Ⓒ Ⓓ Ⓔ
① ② ③ ④ ⑤ ⑥ ⑦

聴 解

NO	ANSWER A B C D	NO	ANSWER A B C D	NO	ANSWER A B C D	NO	ANSWER A B C D	NO	ANSWER A B C D
1	ⓐ ⓑ ⓒ ⓓ	21	ⓐ ⓑ ⓒ ⓓ	41	ⓐ ⓑ ⓒ ⓓ	61	ⓐ ⓑ ⓒ ⓓ	81	ⓐ ⓑ ⓒ ⓓ
2	ⓐ ⓑ ⓒ ⓓ	22	ⓐ ⓑ ⓒ ⓓ	42	ⓐ ⓑ ⓒ ⓓ	62	ⓐ ⓑ ⓒ ⓓ	82	ⓐ ⓑ ⓒ ⓓ
3	ⓐ ⓑ ⓒ ⓓ	23	ⓐ ⓑ ⓒ ⓓ	43	ⓐ ⓑ ⓒ ⓓ	63	ⓐ ⓑ ⓒ ⓓ	83	ⓐ ⓑ ⓒ ⓓ
4	ⓐ ⓑ ⓒ ⓓ	24	ⓐ ⓑ ⓒ ⓓ	44	ⓐ ⓑ ⓒ ⓓ	64	ⓐ ⓑ ⓒ ⓓ	84	ⓐ ⓑ ⓒ ⓓ
5	ⓐ ⓑ ⓒ ⓓ	25	ⓐ ⓑ ⓒ ⓓ	45	ⓐ ⓑ ⓒ ⓓ	65	ⓐ ⓑ ⓒ ⓓ	85	ⓐ ⓑ ⓒ ⓓ
6	ⓐ ⓑ ⓒ ⓓ	26	ⓐ ⓑ ⓒ ⓓ	46	ⓐ ⓑ ⓒ ⓓ	66	ⓐ ⓑ ⓒ ⓓ	86	ⓐ ⓑ ⓒ ⓓ
7	ⓐ ⓑ ⓒ ⓓ	27	ⓐ ⓑ ⓒ ⓓ	47	ⓐ ⓑ ⓒ ⓓ	67	ⓐ ⓑ ⓒ ⓓ	87	ⓐ ⓑ ⓒ ⓓ
8	ⓐ ⓑ ⓒ ⓓ	28	ⓐ ⓑ ⓒ ⓓ	48	ⓐ ⓑ ⓒ ⓓ	68	ⓐ ⓑ ⓒ ⓓ	88	ⓐ ⓑ ⓒ ⓓ
9	ⓐ ⓑ ⓒ ⓓ	29	ⓐ ⓑ ⓒ ⓓ	49	ⓐ ⓑ ⓒ ⓓ	69	ⓐ ⓑ ⓒ ⓓ	89	ⓐ ⓑ ⓒ ⓓ
10	ⓐ ⓑ ⓒ ⓓ	30	ⓐ ⓑ ⓒ ⓓ	50	ⓐ ⓑ ⓒ ⓓ	70	ⓐ ⓑ ⓒ ⓓ	90	ⓐ ⓑ ⓒ ⓓ
11	ⓐ ⓑ ⓒ ⓓ	31	ⓐ ⓑ ⓒ ⓓ	51	ⓐ ⓑ ⓒ ⓓ	71	ⓐ ⓑ ⓒ ⓓ	91	ⓐ ⓑ ⓒ ⓓ
12	ⓐ ⓑ ⓒ ⓓ	32	ⓐ ⓑ ⓒ ⓓ	52	ⓐ ⓑ ⓒ ⓓ	72	ⓐ ⓑ ⓒ ⓓ	92	ⓐ ⓑ ⓒ ⓓ
13	ⓐ ⓑ ⓒ ⓓ	33	ⓐ ⓑ ⓒ ⓓ	53	ⓐ ⓑ ⓒ ⓓ	73	ⓐ ⓑ ⓒ ⓓ	93	ⓐ ⓑ ⓒ ⓓ
14	ⓐ ⓑ ⓒ ⓓ	34	ⓐ ⓑ ⓒ ⓓ	54	ⓐ ⓑ ⓒ ⓓ	74	ⓐ ⓑ ⓒ ⓓ	94	ⓐ ⓑ ⓒ ⓓ
15	ⓐ ⓑ ⓒ ⓓ	35	ⓐ ⓑ ⓒ ⓓ	55	ⓐ ⓑ ⓒ ⓓ	75	ⓐ ⓑ ⓒ ⓓ	95	ⓐ ⓑ ⓒ ⓓ
16	ⓐ ⓑ ⓒ ⓓ	36	ⓐ ⓑ ⓒ ⓓ	56	ⓐ ⓑ ⓒ ⓓ	76	ⓐ ⓑ ⓒ ⓓ	96	ⓐ ⓑ ⓒ ⓓ
17	ⓐ ⓑ ⓒ ⓓ	37	ⓐ ⓑ ⓒ ⓓ	57	ⓐ ⓑ ⓒ ⓓ	77	ⓐ ⓑ ⓒ ⓓ	97	ⓐ ⓑ ⓒ ⓓ
18	ⓐ ⓑ ⓒ ⓓ	38	ⓐ ⓑ ⓒ ⓓ	58	ⓐ ⓑ ⓒ ⓓ	78	ⓐ ⓑ ⓒ ⓓ	98	ⓐ ⓑ ⓒ ⓓ
19	ⓐ ⓑ ⓒ ⓓ	39	ⓐ ⓑ ⓒ ⓓ	59	ⓐ ⓑ ⓒ ⓓ	79	ⓐ ⓑ ⓒ ⓓ	99	ⓐ ⓑ ⓒ ⓓ
20	ⓐ ⓑ ⓒ ⓓ	40	ⓐ ⓑ ⓒ ⓓ	60	ⓐ ⓑ ⓒ ⓓ	80	ⓐ ⓑ ⓒ ⓓ	100	ⓐ ⓑ ⓒ ⓓ

読 解

NO	ANSWER A B C D	NO	ANSWER A B C D	NO	ANSWER A B C D	NO	ANSWER A B C D	NO	ANSWER A B C D
101	ⓐ ⓑ ⓒ ⓓ	121	ⓐ ⓑ ⓒ ⓓ	141	ⓐ ⓑ ⓒ ⓓ	161	ⓐ ⓑ ⓒ ⓓ	181	ⓐ ⓑ ⓒ ⓓ
102	ⓐ ⓑ ⓒ ⓓ	122	ⓐ ⓑ ⓒ ⓓ	142	ⓐ ⓑ ⓒ ⓓ	162	ⓐ ⓑ ⓒ ⓓ	182	ⓐ ⓑ ⓒ ⓓ
103	ⓐ ⓑ ⓒ ⓓ	123	ⓐ ⓑ ⓒ ⓓ	143	ⓐ ⓑ ⓒ ⓓ	163	ⓐ ⓑ ⓒ ⓓ	183	ⓐ ⓑ ⓒ ⓓ
104	ⓐ ⓑ ⓒ ⓓ	124	ⓐ ⓑ ⓒ ⓓ	144	ⓐ ⓑ ⓒ ⓓ	164	ⓐ ⓑ ⓒ ⓓ	184	ⓐ ⓑ ⓒ ⓓ
105	ⓐ ⓑ ⓒ ⓓ	125	ⓐ ⓑ ⓒ ⓓ	145	ⓐ ⓑ ⓒ ⓓ	165	ⓐ ⓑ ⓒ ⓓ	185	ⓐ ⓑ ⓒ ⓓ
106	ⓐ ⓑ ⓒ ⓓ	126	ⓐ ⓑ ⓒ ⓓ	146	ⓐ ⓑ ⓒ ⓓ	166	ⓐ ⓑ ⓒ ⓓ	186	ⓐ ⓑ ⓒ ⓓ
107	ⓐ ⓑ ⓒ ⓓ	127	ⓐ ⓑ ⓒ ⓓ	147	ⓐ ⓑ ⓒ ⓓ	167	ⓐ ⓑ ⓒ ⓓ	187	ⓐ ⓑ ⓒ ⓓ
108	ⓐ ⓑ ⓒ ⓓ	128	ⓐ ⓑ ⓒ ⓓ	148	ⓐ ⓑ ⓒ ⓓ	168	ⓐ ⓑ ⓒ ⓓ	188	ⓐ ⓑ ⓒ ⓓ
109	ⓐ ⓑ ⓒ ⓓ	129	ⓐ ⓑ ⓒ ⓓ	149	ⓐ ⓑ ⓒ ⓓ	169	ⓐ ⓑ ⓒ ⓓ	189	ⓐ ⓑ ⓒ ⓓ
110	ⓐ ⓑ ⓒ ⓓ	130	ⓐ ⓑ ⓒ ⓓ	150	ⓐ ⓑ ⓒ ⓓ	170	ⓐ ⓑ ⓒ ⓓ	190	ⓐ ⓑ ⓒ ⓓ
111	ⓐ ⓑ ⓒ ⓓ	131	ⓐ ⓑ ⓒ ⓓ	151	ⓐ ⓑ ⓒ ⓓ	171	ⓐ ⓑ ⓒ ⓓ	191	ⓐ ⓑ ⓒ ⓓ
112	ⓐ ⓑ ⓒ ⓓ	132	ⓐ ⓑ ⓒ ⓓ	152	ⓐ ⓑ ⓒ ⓓ	172	ⓐ ⓑ ⓒ ⓓ	192	ⓐ ⓑ ⓒ ⓓ
113	ⓐ ⓑ ⓒ ⓓ	133	ⓐ ⓑ ⓒ ⓓ	153	ⓐ ⓑ ⓒ ⓓ	173	ⓐ ⓑ ⓒ ⓓ	193	ⓐ ⓑ ⓒ ⓓ
114	ⓐ ⓑ ⓒ ⓓ	134	ⓐ ⓑ ⓒ ⓓ	154	ⓐ ⓑ ⓒ ⓓ	174	ⓐ ⓑ ⓒ ⓓ	194	ⓐ ⓑ ⓒ ⓓ
115	ⓐ ⓑ ⓒ ⓓ	135	ⓐ ⓑ ⓒ ⓓ	155	ⓐ ⓑ ⓒ ⓓ	175	ⓐ ⓑ ⓒ ⓓ	195	ⓐ ⓑ ⓒ ⓓ
116	ⓐ ⓑ ⓒ ⓓ	136	ⓐ ⓑ ⓒ ⓓ	156	ⓐ ⓑ ⓒ ⓓ	176	ⓐ ⓑ ⓒ ⓓ	196	ⓐ ⓑ ⓒ ⓓ
117	ⓐ ⓑ ⓒ ⓓ	137	ⓐ ⓑ ⓒ ⓓ	157	ⓐ ⓑ ⓒ ⓓ	177	ⓐ ⓑ ⓒ ⓓ	197	ⓐ ⓑ ⓒ ⓓ
118	ⓐ ⓑ ⓒ ⓓ	138	ⓐ ⓑ ⓒ ⓓ	158	ⓐ ⓑ ⓒ ⓓ	178	ⓐ ⓑ ⓒ ⓓ	198	ⓐ ⓑ ⓒ ⓓ
119	ⓐ ⓑ ⓒ ⓓ	139	ⓐ ⓑ ⓒ ⓓ	159	ⓐ ⓑ ⓒ ⓓ	179	ⓐ ⓑ ⓒ ⓓ	199	ⓐ ⓑ ⓒ ⓓ
120	ⓐ ⓑ ⓒ ⓓ	140	ⓐ ⓑ ⓒ ⓓ	160	ⓐ ⓑ ⓒ ⓓ	180	ⓐ ⓑ ⓒ ⓓ	200	ⓐ ⓑ ⓒ ⓓ

MEMO

MEMO

MEMO

동양북스 채널에서 더 많은 도서
더 많은 이야기를 만나보세요!

외국어 출판 45년의 신뢰
외국어 전문 출판 그룹
동양북스가 만드는 책은 다릅니다.

45년의 쉼 없는 노력과 도전으로 책 만들기에 최선을 다해온
동양북스는 오늘도 미래의 가치에 투자하고 있습니다.
대한민국의 내일을 생각하는 도전 정신과 믿음으로 최선을 다하겠습니다.